李超琼家书

紫璈致慕陶（赴日留学期）
光绪卅二年至卅三年（1906—1907）

苏州工业园区档案管理中心　编

章新明　朱元吉　校注

文匯出版社

前言

习近平总书记强调，“家庭是人生的第一个课堂”，“家风是社会风气的重要组成部分”。他指出，广大家庭都要重言传、重身教，教知识、育品德，帮助孩子扣好人生的第一粒扣子。领导干部尤其要带头抓好家风，以千千万万家庭的好家风支撑起全社会的好风气，把实现个人梦、家庭梦融入国家梦、民族梦之中。

自2011年李超琼后裔将其档案捐赠给苏州工业园区档案馆以来，我们深感历史赋予的责任与使命，致力于挖掘这些珍贵档案资料的深层价值。在此过程中，我们先后完成了李超琼日记及诗集的点校出版工作。去年，我们再次组织相关专家与学者，对《李超琼家书》进行了精心的点校整理，并于近期付梓出版。这些家书展现了李超琼在动荡岁月中的坚守与担当，以及对家人的深情与关怀。

晚清末期，西学东渐，世风日变，中国一批有识之士放眼海外，或自己亲赴西洋、东洋，或送子女远赴海外求学。作为南汇县令的李超琼，于光绪三十二年（1906）七月也将自己最喜爱的儿子李侃送往日本求学。李侃在日本学习一年后回国。其间，李超琼写下了54封书信给儿子，这些信件如实记录了李超琼当时的所见所闻、所事所思，翔实反映出当时整个社会的真实面貌和晚清时期一个基层县令的生活状况。虽然是私密性极强的家书，却具有深厚的历史意义和重要的现实意义。

一是这些信件表现了浓浓父子情、纯纯舐犊意。

李超琼在第二十六号信中对几个儿子一一评价后说：“环顾汝曹，惟吾儿向学之专，耐劳苦、甘淡泊之志为足慰我心也。儿益当砥厉（砺）名行，讨求学问，保重身体，务期卓然有以自立，为大慰乃父之佳儿，是则父所深喜者也。”每封信中，李超琼都要嘘寒问暖，提醒儿子注意生活起居。询问学校宿舍湿气如何，叮嘱卧具要多晾多晒。“东国四面环海，尤较此间为甚。衣服既单，夜间衾褥亦薄，切勿勉强熬冷致受伤也。父母惟其疾之忧，若在膝前，可以为汝保护；远隔海外，惟有‘耽心’二字耳。儿亦思有以慰乃父否耶？”由一个朋友之子溺水身亡，而对李侃提出千万不能在海里游泳，千万注意安全。“学业固宜认真，而尤以身体为重。平日讲求卫生，固校中已有之章程。而劳逸之间自己亦须斟酌，断断不宜吃过量之苦。至于戕贼之失，总当自行禁遏，必视此身如金玉之珍、如泰山乔岳之重。思为顶天立地之奇男子，总在自家爱重而已。思吾身有多少担任之事，精神元气刻刻护惜，使之永永完固，自然外邪不易侵入。将来任重致远，均恢恢乎有余，始不自负，望吾儿之善体此意也。”读着这些文字恍如面接其人，身历其世。

二是透露出李超琼良好的家风。

家风是一个家庭的精神内核，也是一个社会的价值缩影，“天下之本在家”。李超琼在其日记中就记载着其母从小对他的教导：“人必读书，始能明理，始知立品，亦始可望成名。”居官迎养后，其母又诫以“宜耐烦、勿造孽”。李超琼在信中经常教导儿子。刚刚去日本时，李侃可能还不适应留学生活，李超琼劝道：“此行乃为求学而往，将谋上达之事，为圣贤，为豪杰，为救时之英，为立功成名之俊，又皆根于此。父方欣然以慰，肫然以望，深喜吾儿壮志之雄、豪气之富，何至同儿女子之牵衣涕泗乎？”儿子适应新生活后，他又反复劝导：“儿在校中，惟以一意向学为主，日起有功，自有进步。总要少出门，戒滥交，绝酬应。庶几非礼邪辟之事，不涉于身，而心志乃不至于外骛，慎之慎之。”

三是显示出李超琼高尚的操守和正直的人格。

李超琼是从四川大山里走出来的农家子弟，通过科举考试进入官员体系。他以自己的经历现身说法，在第二十七封信中说：“父以生长乡间，少年所见所闻，于民事备悉。及入京、东游至作令二十余岁，阅历之周，自觉不浅，亦未尝敢漠焉置之。事事均用心考验，审其得失，别其是非，或著论说，或自记注。而至今乃变象日出，一切政令类皆不假思索而来，不问能否实行，而皆以不得视为具文责之，实则终亦具文而已。故身虽在官而心转愤世，亦徒以自病而已。信笔及之，亦足备吾儿他日之鉴也。”他提醒儿子遇事要多思，不可盲目冲动，丰富的官场经验和老到的处事方法显露无遗。作为举人，自是熟读孔孟，他曾自我总结：“读前人性理书，悔恨半生之荒唐，于‘立心’‘制行’之道概未之讲，以至老而愚悖，大负初心。特立《晚矣录》一册以志日夕之过，冀可自涤旧污。”自省自律如此，以“治心、养生、知耻”为致力之方。儿子一人在日本，交友之道十分重要，李超琼这样教导儿子：“凡在一校之友，固当谦以相接，和以相处，尤在虚心相交，以道义相切劘，以进益相规劝。而要必持之以敬，期于可久。孔子独称晏平仲之善交，即后世师法也。末俗戏谑讥讽之习，征逐酒食之行，切当痛戒。而吾心所执持之理，只宜默自慎守，不可随人转移，即因以静察。同人之孰短孰长、孰可以师事友事、孰宜敬而远之，皆内审于寸衷，而不宜形诸齿颊。苟一不慎，使人窥其厚薄之形，则必有龃龉之渐，此又不可不知者也。爱众亲仁，圣门为弟子示标准，而即终身所不能或背之义。至与人相处，总须抱定一‘恕’字，始无所失躬自厚而薄责于人，则行恕之方法也，儿宜时时念之。”“寝室既有九人，须以礼以敬相接，不为戏谑，始合交道。少年动肆调笑轻薄之态，为有识所羞。果以志士豪杰自待，此等处正不可同乎流俗，况朋友间出于相谑，必有相轻之心先伏其中。既轻之矣，而望得其观摩之益与生死不相背负之义，得乎？若敬重其人而出以侮弄调谑，必无是理。以是权之，人我之间之为轻为重亦可知也。舍平仲久敬之方，万万非善交之道，吾儿其静审之。”李超琼对“戒贪”有一段妙论：“偶阅小说，知日本诈骗之局亦多出人意表，令人易堕彀中，殊为可虑。然屏绝一‘贪’字，无苟得之心，不为名利所动，则若辈自无隙可乘，断无他害。又见《美人妆》编中所纪日耳曼学校内之陷害同学以图夺其亲昵之人，计亦甚险甚毒，以此见世路险巇，虽庠序中亦不可不善为之防也。儿一志向学，心不外驰，自无庸别生计较。然立志之道须如铜墙铁壁之不能侵损，始能自固，亦惟以义理为藩篱而已。”妥妥的现实意义。李超琼曾自题云：“春风三月闲庭院，内子行厨我应门。”

四是显示出李超琼的清正廉洁。

李超琼先是在辽东地区充当幕僚，然后分发江苏，先后在江南八个县担任了九任县令。所到之处，修堤疏河，架桥铺路，兴学校，劝农桑，政声卓著。他在第一号信中说：“州县为亲民之官，有字人之责，故常有例外之用，始足以副爱人之目。故将向来办事得以有益民生之故，皆由略有宽余始得称心为之。”正是基于这样的出发点，他在日记中回顾自己“作令逾二十年，不名一钱”，却“向不以为介介”，从没当一回事。留学费用窘绌，只能十天半个月地筹集汇寄，反而劝儿子别急，要专心读书。但还是偶尔提道：“父于腊杪，公私之累，催迫纷来，不能遣去。遂动不寐之疾，无一夕不若鳏鱼之目，彻夜瞠然，能得天明后略一瞢腾，即算幸事。”“父之窘状，儿或不尽知，父亦不愿尔知。惟学费万无充余，必克数见寄，汝自撙节用度，无事妄费，致习于浮靡，而昧俭啬之道，非礼之宜也，慎之慎之。”难以想象，李超琼的财务状况如此窘迫，甚至他死后连丧葬费都凑不出。但穷且益坚，他还是照样兢兢业业地履行县令职责。

本书各信的书写日期有部分不明，点校时参照李超琼的日记内容推算了先后顺序。此外，由于李超琼所处特定历史时期，他对某些历史事件的看法有其历史局限性。这些观点反映了当时的社会背景、政治环境和个人认知的限制。因此，希望读者在阅读时能够以客观、包容的态度理解其中的观点，同时结合时代背景加以分析。

苏州工业园区档案管理中心
2025 年 2 月

第一号

侃儿知悉。

今日廿八，薄暮寿娃回署，询悉吾儿于昨廿七早七点上春日丸邮船，八点即行起发。船中客位拥挤，三等舱已无隙地。儿系移住货舱，为船中司事人等所居，亦无堆积之货，地位颇见宽敞。且有两友为儿熟人，亦同移入，当可免寂寞挤轧之苦。闻之，为之一慰。然闻买三等票仅止六元，似乎意在简省，父颇不甚放心。若处如此计较，不顾苦乐，但求省钱，非父意也。以后不必过自刻苦为望，况所省有限，何为也？

儿于去秋初次东行，本极洒落，此次何以凄然泪下、郁郁不怡？廿五，十三回来，询知在茶馆时犹见落泪。顷问寿娃，亦言廿六夜憔悴殊甚，是何为者？虽于此见吾儿天性之笃。暑假归省，依依膝下，遂有不忍远离之情，不能自禁。加以七儿等先已泫然凄怆，若或导之。然此行乃为求学而往，将谋上达之事，为圣贤，为豪杰，为救时之英，为立功成名之俊，又皆根于此。父方欣然以慰，肫然以望，深喜吾儿壮志之雄、豪气之富，何至同儿女子之牵衣涕泗乎？不知彼时情状，反使父恻然，难以为怀，亦儿不能自忍其老泪。反而思之，儿之行乃荣行也、壮游也，志气向上，将为乃父吐气扬眉者也，何为而至凄楚哉？所以谕吾儿以“守身厉志”四字，望细为䌷绎。善自珍卫，以保其清健之身；善自奋勉，以遂其远大之志。是即父所大慰，亦合家所同为欢喜愿闻者也，到后切勿戚戚于心。常有清明在躬、志气如神之概，则进德修业之能及时审矣。父方鼓掌称快，奚用悬悬？

廿五之晚，苍一有明信片至，询汝行期，并托代购苏州湖色之带。又云已入窨乡，嘱为之运动。不免一笑，苍一归计果决，何于雨岚过东而不预为筹措乎？或者未必成行，其尊人见我信，计亦将止之矣。不然，我且为之攒眉。

昨廿七又得一明信片，则刘君兆麟寄吾儿者。言胡君光熊以阳历八月廿九在太原溺水，已作长梦客云云。胡君虽非我所知，然为凄恻者久之，良可悼惋。特此事，我先闻星旂言，曾以诫汝。幸而暑假归省耳，否则汝亦必不以为畏。闻子峨言，汝曾以不及洗海水澡为歉。观胡君之祸，汝须切以为大戒，终身勿一涉足。既系父命，亦为友悲，从此作一大记念，无轻尝试推之，冒险蹈危之事，皆当惕然预戒。《礼经》言登高临深非为人子之礼，可不念哉？

儿之行也，学费、旅用虽不优，然二三月中不至竭蹶。父亦不使汝告廑而不为谋也，尽可放心。惟当专志劬学，勿以父官中事为忧，忧亦无益，果何为者？父尚泰然，自计天无绝人之路，奚戚戚为？昨今两日始将禀稿拟定，樵所作虽极条畅、极透澈，本属可用，然所陈赔累及征不敷解情形，各县已再三言之。况银米出入及署用三项，既列三表，一经比较，犁然灿著，何待再说？我意则以表中所列，皆所谓例用也。州县为亲民之官，有字人之责，故常有例外之用，始足以副爱人之目。故将向来办事得以有益民生之故，皆由略有宽余始得称心为之。今既“挪借皆穷，遂至束手无策，实于吏治大有妨碍”等语，详哉言之，盖固亦生平志行所在者也。此稿既定，自笑即赔累困顿既极，此心可以白诸天地鬼神，上对祖宗而无歉，更何郁郁之有？举以告吾儿，当亦为一快乎。呵呵，今日大风，天亦阴阴，然犹未雨，亦幸矣。

到东后，服食起居善自珍重，至望至望。

父手书

七月廿八灯下

第二号

办花捐，乡民受惑，几至滋事。十三之日，大团骤聚集六七百人。适我先一日拨提台派来之名（应为“兵”）百名，前往该镇驻紮，得以弭首帖耳，无一敢于妄动之人。访知皆系痞徒煽弄，指名查拿，未能尽获，不能不有以惩之。然亦可见吾民之毫无知识，欲求到立宪地步，难乎其难，亦可慨也。

騆自京回津，新有信来，于张今颇之至津未一干求，我甚以为慰。复示告以穷困可耐，败名丧节之事必不可为。须有“志士不忘在沟壑”之气骨，乃可以做掀天揭地之事功，此亦汝所当知也。汝年渐长，须时时以礼自闲、以志气自振，然后一切人欲不至芥蒂于中。如芽蘖然，须扫除净尽，乃不患其萌生。故必以圣贤义理为基，以严师畏友为防卫，庶几心不外驰，百邪退听，把握在我矣。志之，诸望自慎。

八月十七日谕

第三号

侃儿阅悉。

昨十七甫发一函，未几即接初七来禀，甚慰甚慰。因前信已去，遂未追回，恐吾儿见之又增一疑虑也。父于十四之日自朝至暮无一刻之暇，中午暴热，去一夹衣，暮乃甚凉。而见客四五，至不及复添，竟至感冒。夜中寒热大作，中秋亦不清快。幸连服桑菊饮两剂，得以解矣。然至今日乃觉复元，可为衰征也。

明日尚拟行乡，为演说立宪之意。蚩愚无识，不能不有以晓之。顷草一“请全漕改折”之禀。当此米价奇昂，平减不易，再运出六七十万石，民食必更艰难，不特官累之不支而已，故披沥陈之。此事人人能言之，特今岁祸福利害尤易判决，窃谓亦机之当乘者也。

高七爷有“谨释宪法意义”一疏，谓二字连缀成文始于唐之陆贽。我阅《蔡中郎集》，则于《和熹邓后谥议》已有“斸正宪法六千余事”之言，是汉人已有之，不始宣公也。今日又见伯谐（应为“喈”）所作《太傅胡公碑》，亦有“涉观宪法”一语，即蔡文已不止一见。此可知文字一道，不可妄谈，前辈谓“笔墨出门须检点”，况入告耶？既先致书蔚公，偶述以告，汝亦可为他日之一鉴。

校中补额尚迟迟，好在寄宿舍久住惯，当仍楼居。居无求安，志士宜尔，吾儿当不以此自扰也。方寸中常浩浩落落，有不使微云滓秽太清气象，何陋之有哉？苍一行期定否？葆森不怡，可念为我致唁，幸善慰之，一切汝自慎也可。

十八之夕谕

第四号

侃儿知悉。

前日得初七来禀，已复一信矣。此间自十三、十四两日夜间风势甚烈，遂骤变冷象。十四通宵大雨，至明如故。中秋之日，我即呢袍绒褂，而尤怯寒，感冒逾一昼夜乃愈。不知东国气候何似？此次骤冷，人多出不意受伤。十三母子在仲培寓中，十六、七俱病，殆为此也。吴姨至卧床不起，似药亦不投，闻换请王中璜主方已略见效。昨辰猷亦往视，尚无续信。

闻凌玉衡有奔牛厘局之委，徐仲衡今日赴苏求其位置，未知有成否？不思自立，而但欲倚赖为生，令人气闷。

偶阅小说，知日本诈骗之局亦多出人意表，令人易堕彀中，殊为可虑。然屏绝一“贪”字，无苟得之心，不为名利所动，则若辈自无隙可乘，断无他害。又见《美人妆》编中所纪日耳曼学校内之陷害同学以图夺其亲昵之人，计亦甚险甚毒，以此见世路险巇，虽庠序中亦不可不善为之防也。儿一志向学，心不外驰，自无庸别生计较。然立志之道须如铜墙铁壁之不能侵损，始能自固，亦惟以义理为藩篱而已。慎之，百维珍重是望。

八月廿二日谕

（磐若事，九爷来信详之，李镜清之横恶极矣，磐能忍亦大奇。现镜已撤，七公参之，方待查办也。）

第五号

今晨寿娃归来，知十三咳嗽渐愈，吴姨亦应药，能起床，能吃锅粑饭，大有转机。盖二叔延王仲璜诊治较陈莲舫为效也，陈方似补得太早，外感未清，有闭贼于内之势。故两药而人遂昏沉，现已解，则或易愈也。猷前日亦往沪，即当召之归矣。天晴而寒意益剧，衣服起居慎重慎重。

廿三早

第六号

侃儿知悉。

苍一初八夜到此，即下榻西轩。昨以汝寄十三之函，知有德帝维廉合家相片。然苍一尚寄之沪上，未以携来。适城中由学堂发起，以今日庆贺立宪，故留其明日始行。我则昨又下乡相验，尚少与畅谈之时。叩以改良川汉铁路之议，始知列名后始及知之。合以京师张罗澄、杜德舆之开馆集议，明系由此曹煽弄而来，不免深为之惜，付诸成事不说而已。

吴姨之病忽应药忽变相，现在寒热已愈，咳呛仍不息，卧不能起。木已在沪购回，已漆二次矣，姑看有无转机也。騠初八禀来，始知去冬纳一妾，乃成姓之女（南京人云）。于中秋日未时得生一子，父为命名洪翯，乳名津孙。而騠困窘已极，不得已为筹百金寄之，仍诫以慎自守分、无贻我羞。乃我下乡后，敬即告之六妇。昨闻亟欲赴津，若迫不及待，不知是何用意，令人闷闷。不过，刻以无资斧以送之，不能由其自专也。

苍一言汝已迁入本校，益当振奋敬慎为要。

九月初十日

父字

第七号

侃儿知悉。

苍一以初八夜饭后至署，本欲一夕即行，我初九当赴乡相验，初十此间又有庆贺立宪之举，故留其多住一日。昨亦同至明伦堂一观，朱子灏邀其夜间往看影戏，则辞未应，故夜间乃得畅谈。我从账房以六十元赆之，向成不欲留此，又赏给廿元。而苍一尚言同行张君须与为蛩距，恐不足到家，故又从月费内拨五十元济之。而我此月须减而又减，始足度去，亦可笑也。今辰八点半，遂附小轮以行。然闻尚须赴苏找舒复初观察（体元）、伍伯谷大令，则必须担阁（搁）也。儿交以德帝合家欢照片竟未带来，我看其言动似未甚进德，其修业何如则无从知之耳。云明春仍拟东渡，已致函乃翁劝之，特意其家庭冲突或不能免阻力，亦甚可虑矣。此次因其来而增我顾虑者甚夥，将次第为汝告之。

吴姨之病寒热既止，惟咳呛未去。昨夜亦幸不甚烈，遂获安睡。今早益形平稳，或遂可保安全，亦良幸事，知汝悬，故以述及。我则安健如前，可以告慰也。

苍一于东西洋治理之完备极口称之，而尤以所见日本之整齐严肃为观止。因而痛恨太息于内地之腐败，遂为子峨辈言唐虞以来之失，且以孔孟之为圣人亦不得为完备。若犹有歉焉者，此谬见也。我面诘之，彼亦言同人艳慕东国，由感愤之心遂有迫而欲走革命一路之说。而不知彼之受蛊已，由此伏非好消息矣。吾儿则只当勉力求学，以图一己有所成就，不必存是彼非此之心。见东国之事事整齐，不可徒观表面，空为赞美。须就一事而考校咨询其办法，与所以至此极盛之由。而又于内地相形见绌之故，参校得失，再细审此之腐败从何而来。倘我得假手，当如何改良。求欲如日国之规模，其中有无窒碍，如何可袭其形式，如何可跻其内容。遇一事即以此法审度而图维之，渐至确有所见，自不难见诸施行，乃为不负。若徒颂他人功德，而于其功之何以成，德之何以懋，皆不之知。即我不及之由，亦未细衡量，而嗷然曰不如也、不如也。譬如窭人子，偶入富家巨室，目眩神迷，遂以其家之牖瓮绳枢为耻，鹑结粗粝为羞，且咎其父母之不能，致此而怨怼之，理乎，非理乎？苟以此见横梗胸中，不外肆抢夺，即内毁室家，为无复人理之事。出洋而挟此见者，何以异于是？此种谬见，必当铲绝根株，不使有丝毫浮妄之萌生于方寸，庶几可以进德，可以免祸。父深望吾儿之服膺者一也。（日来叠奉密札查拿孙文羽党，岑奏有“串通官场，勾结学生、武弁、营兵”之语，严饬关卡盘诘、搜拿云云。）

苍一先以《改良（川汉）铁路公司议》二册寄来，我不敢谓然，已于前函言之矣。到此后，面质以所见，则谓皆人所云云。我以此议非涉深，文即类惝恍，尚不能谓之吹毛索瘢，以瘢固未见，毛亦吹不动也。而所拟办法，又无实在可行之事。除查账应行外，如统收银元之类，直是胡说，真将厉我川民。苍一乃言初未与闻，直已刻成始及知之，乃蒲、张诸君发起，邓、邵主笔，实皆未能了了，只彼此传述之言。因问以首列大名也何故，则亦云诸君随便刊刻对，闻之为之汗下。东游诸君子作事乃若是轻率耶？

因询及《鹃声》报，则亦言出板（版）两期而止，似亦一二少年游戏为之。果其然，彼悖逆之书，不亦可信意列名乎？国初湖州庄氏之狱，多盗用列名校勘者，多罹奇祸，后此《南山集》之类亦牵连不少，岂有姓名而可任人借用，绝不之问，亦不之虑者乎？苍一所言实，则为庸暗轻率、苟且徇人之举；不实，则为背欺面诈之言，无一而可。愿吾儿深以为戒，不可效之。出名一层，无论如何，必十分斟酌，不可大意。父深望吾儿之服膺者二也。

苍一言汝已移入本校，故前一函直寄原町成城学校（收到否，须查查），亦以渠写一条在，以为不至误也。顷见吾儿廿八、初二与缉熙两函，仅云仍楼居，而未言入校。初二之函，则尚系山伏町缄发，则未移入明矣。苍一何恍惚乃尔，可谓无礼（他语多恍惚）。适有东京相片一函至此，而渠已行，亦无从转寄，只好搁下。上年见良赍臣来吴署，竟日坐谈，未尝跛倚欠伸，亦绝未唾涕。时当酷暑，未一解衣挥扇，深服其有自治之能力，有坚忍之性情。而言笑不苟，论事井井有条，尤为精卓可敬。昨夜以警苍一，乃谓良卒业便宜，为幸获之遇，以是知其自厉者疏矣。我心殊殊有未慊处，举以相告，愿吾儿知所自镜焉，又其一也。

又闻游学中有败类窃物被获之事，近复有之。其余沉溺堕落奸诡欺骗之劣迹，更不胜偻数（苍一所述甚多，可叹可恨）。其退学改校者，则恬然不以为怪。虽号佳士，亦多有之。果尔，则择交之难，真不堪设想。愿吾儿以节次训诫之言，铭诸肺腑，无稍忽略。圣贤豪杰，全视志行，少一失足，便为下流，岂可徇俗自陷？即忽东忽西，名则托于择地，实即不恒其德之为，抑何二三不一乃尔也，均不可效。儿当密以为戒，而不必妄论他人可也。至汝之行也，学费尚非常拮据，刻下计可支持至何时？我欲观一月费用，何以不寄我一纸？目下困难都不堪言，偶一计画，彻夜不能安寝，苦况可知。实无些子余力为人担任，如章世葵辈询及，可直告之。从井救人，尚须在井上，如我则先已在井中也，其何能及？此亦吾儿所当念及者也。苍一行后，万感交集，故详以语汝。不觉言之过繁，然皆足为汝箴警，他日即以语苍一，或亦规过之一道字。起居饮食加慎无忽，学业惟当循序求进，无欲速也可。

九月十一日

父谕

第八号

九月十二日见《时报》有达县吴仲遥征求遗稿之刻，细阅一过，不禁泫然。吴筱村同年与我相识在癸酉之夏，筱村偕乃兄小庐（亦癸酉拔贡）见访于我所寓之桂王桥张宅，把盏欢笑，至夜深乃别，盖二君固兼以相攸至也（张生锡龄今为剑州校官，吴氏婿）。次年在鄱过从尤密，嗣后每遇则乐甚，别则尝有书讯往还。记其在鄂来函假朱提时，尚赠我两诗，谓从友人处见我诗集，致钦迟之意，实则多规讽之言。我心佩之，乃遍觅皆不可得矣。惟宪书粘存中尚有十一笺，乃丁酉冬在元和时所奉，今以寄吾儿。好在鹤卷町即在牛込区，当不相远，可持以访仲遥兄，俾之一阅。或请钞下，发还即存汝处，以其时本以教子之法商之，承其详复者。老年伯之教汝曹，所当书绅者也。庚子夏，我葬事既毕，重到吴门后闻西安之变，为之痛愤不释。九月初，亲至杭州造访其眷属所寓，得觌其太夫人，而不敢一言以闻，尚未以变告也。仅见一孙，少君小名和尚，今当及岁，现在何所，太夫人尚存否？年家旧好，生死之交，可就仲遥详询之，还以告我为要。

杭州吴氏寓中，记有一冯君为筱公门人，作令粤东，特来照料者，然不我知。家人辈似疑为告贷之类，其寓所又迮，须言谈极隔阂，仅询知停柩在湖上僧寺。而我与由笙适寓俞楼，遂步造寺中，拊棺一恸，吴氏固未知也。后闻柩归，眷口曾寄住宜昌，至今已否返达，并以详访为要。（乔茂先、王雪澂两同年均与筱村甚密，铁樵十三岁时特携至京师事雪澂，其著作、书札，王、乔处必多有也。）

再，同邑人士议立恳亲会，亦见情意交孚无间，彼此且思为地方自治之谋，甚善甚善。惟作客海外，方以求学为目的，须先以劝善规过为主，首求有以砥厉（砺）名行、保全人格，而后讲求公益。则所见不至有所蔽而失于偏，斯可免阿私争竞之患。然观公电提学使之请，是否互相斟酌，出于公议，果悉协否乎？郑瀚生本系戚谊，我亦闻其才识之美。然子峨言曾得来信，颇有厌事之心，不愿预闻邑中公务，恒闭户养疴，足迹不入城市。倘电到，学使即俯允派委之，瀚生或又力辞不出，岂不虚此一举？且恐上游嗤吾辈之轻率将不之信，亦甚非宜，此一层未知曾计及否也。（此一段十二日灯下所草，以忽觉眩晕遂置之。旋苦手足麻木，适陈望三在此，为我一诊一药。今早已无事矣，勿念。）

“宪法”二字，七爷疏中以为始见于陆贽。我读蔡邕所为《和熹皇（应为“邓”）后谥议》，已有“蠲正宪法六千余事，以顺汉氏三百之期”等语。又《（太傅）胡公碑》（即胡广）中亦有“涉观宪法，契阔文学”之词，是汉人已有此二字连用之常语，伯喈文中已再见之。不始于唐，亦不仅陆宣公始用之也，前于去函中已举此告汝。日来读阮嗣宗（籍）所著《通易论》，中有“后者何也？成君定位，据业修制，保教守法，畜履治安者也”数句，因念近时自康梁辈倡言“保国、保教、保种”云云，顽固之士或訾议之，而自号明通者又以为新名词，曾不知古人固有此类成语，意义本极精确，特粗心者未之考耳。《易》言“君子多识前言往行，以畜其德”，是亦未可疏忽之事。雨中寂坐，偶写以相示，亦宜默识者也。

点校者附注：

李超琼光绪卅二年（1906）九月十二日日记：是日，寄侃儿日本一函，内系长笺二，又另一柬则为亡友吴筱村（德潇）手书，以昨于《时报》见有其侄渊民字仲遥者访求遗迹之刻。仲遥亦寓日本，故命吾儿访而示之也。

第九号

朝廷宣布立宪，可谓千古难逢之盛典。而实行犹有待者，以国民资格所差尚远，此无待讳饰之事也。此时官绅商民均当亟亟砥厉（砺）人格，以为地方自治之计。虽必先谋教育之普及，然必人人有自治能力，然后可望教人。顾亭林所谓“匹夫之贱，与有责焉”者，正贵其先能自责，而又能引人之责为己之责。伊尹先知觉后知，先觉觉后觉，义固如此也。至出洋留学诸君子，志趣既远，见识又宏，当无不晓，然于此意乃自七月十三以后所闻见之事，有大可诧异者。丁制军以朝旨调督闽浙，而闽士寄电拒之，词句之轻薄，与市井小人无异。以视滇人公函之指摘，尤为纰缪。今日又见山西留学生有致晋藩吴方伯匡一书，遂援闽之拒丁为口实，若示吾留学生之可畏也者，亦何浅也。不知如此混闹，适足授反对立宪者之口实，亦终将致政府之疑忌，而立宪遂永无实行之日，何也？士气嚣张，因是而毫无顾忌上之人必心恶之，以为不予压制，将有命令不行之日，势必加倍压制而后已，岂非自坏立宪之机局乎？乡愚无知，自闻此次诏书，往往听匪徒之言，谓以后可以任人各霸一方，国家并不过问，江浙枭党方欣欣然互相传述，以为机会之来。若吾辈亦遂不权轻重，为所欲为，朝命可以不承，长官可以直讦，试问与乡愚所见何异？（即滇之欢迎岑督亦属非是，岑乃报谢，以鸣得意，直浅丈夫也。）如此类事皆不可附和，切宜审之。（我于磐若事电川中，乃个人交谊，亦以屠伯之辣毒可虑，欲先以阻其下手也。）

即如《川汉铁路改良议》非必不可作，特惜调查未真确，持论未平允，筹画未妥善，而贸贸然布之，微特无益，且足贻笑。倘倚人众之故而必欲行之，是遂非也，反将贻误家山。前日逐段与苍一辨难，渠皆无可置词，爽然自失，似悔列名之冒昧。以此例之人必先有真见，始足以识公道。若人云亦云，而漫然随之，是徇众也。假公议以行其私者，世固多有。以一二人之贪诈，而嗾数十人为之援助，动上公禀，州县所常有也。若遂以为公论所在而从之，冤人误事，后悔何及。我在官经历多矣，儿当亦略知之。故公论云者，不在人之多少，惟视理之通塞。理果大通，虽一人言之，亦公论也；理不能通，虽千百人执之，只算谬见。顷见中外、日本所刻，心不谓然，因写此纸以为吾儿鉴。（吴方伯迁擢甚速，政府正以其为通新之材，而仍不免顽固之因，亦殊可笑。然书中词意，真与各霸一方之见相类，又何其浅也。此九月二十日所写。）

第十号

侃儿知悉。

前月望后所发之函系挂号而往，内有吴筱村年伯手迹等件，不知收到否？嗣于廿一夜初舟行赴沪，次日即搭江孚船诣金陵，以廿四犁（黎）明即抵下关，觅寓督辕西吉陞客栈者三日。廿五乃得见午帅，既获久谈，拟禀辞矣，乃仍挽留，则以次午招饮也。同坐为苏藩陈伯平、宁藩继莲溪两方伯，沪道瑞莘儒观察，而我次之，皖之太平令梁孝通又次之。末坐姚君，湘人，而新自日本归者，似将任以兵事之故。谈宴甚畅，酒阑即辞谢告别。廿七早出仪凤门，其日惟美最时有瑞安轮船，遂趁之。下驶至沪，住名利栈一宿。少谷来，谈甚久。廿九适署中遣船来迎，始归，至则已四更矣。

吴姨病似益见效，而咳嗽总不止，医谓可以无害，已开补剂方，不知究可恃否？

此次归，高九爷适有成都电来，言为十三作伐，与棉（应为“绵”）竹令高云程之女议婚，云已允谐，立候回电下聘云云。故昨专人托马超甫复电，即以纳采丐之，计竹园必能办妥也。云程为陕之城固人，官蜀久有循声。其兄抟九方伯（万鹏）作侍御时曾晤于高东垣所，后历官湘、蜀，殁于长沙。云程则以拔贡入仕籍者，向与澂南给谏最契，其行谊政声固早悉之。特十三方稚龄，能否受教有成，尚未敢必玷人东床，岂不可愧？是在有以刻厉之而已。父兄之责繄岂可诿？儿亦当念之者矣。

父之在宁，午帅既假以辞色，宠以酒食，方伯以次亦礼下有加，寅僚遂以为异数，实则增我惶愧已耳。无德无能而滥窃声问，君子耻焉。中坐为举一“事母孝，临财廉，为人济患难，而不居功，不求报之士”以应之，而绝不及于情面、交情之辈，此则我区区之诚，之所谓事上之道也。

已于邸钞见蜀帅奏参属员，有前署崇庆州候补知县李锦江者，其考语为“治狱粗疏，草菅人命，请革职，永不叙用”云云，似乎即与磐若作对之李镜清。果即其人，则清帅之不偏袒属员、慎重民命，于此可见贤矣。馨儿钞来《叙永谣》一首，言磐若事真令人发指眦裂，何物狂徒乃亦厕仕途也。

苍一廿七尚有来信，留俟行李阅十余日，又与颜雍耆（楷）入苏，一行大约廿八九乃上驶也。其信力言吾儿应迁入正校，为人蹿往已至再至三，亦若知其前言之不实，而虑父之嗔怒之也者。不过曾有一函，如其言径寄成城本校，是否收到，则殊悬悬耳。自宁归，在轮晤怀宁叶君范贻，言由练兵处自日本电调归者所谈留学生怪现状令人齿冷。然谓皆无识之辈自甘堕落乃至此，特小人耻独为小人，类以成人之恶为计，亦恒为志士忧之。所言洵属中肯，吾儿当兢兢自爱，力求有以异乎俗流，而以圣贤豪杰为向往。则心志既专，立身卓然，断不屑与下流相逐，同为败类，是则父所殷盼者也。前函谆嘱以“弗及知”三字谢乡人，非无见也。慎秘无忽，何君事勿着迹，馨甚不谓然也。

东国寒讯何如？起居珍重是望。

父字

十月初二日

第十一号

侃儿知悉。

今日为庆贺之期，颇得清闲。惟绅董入见者接踵，则以月之是日众善公所必集议故也。

午后，吾儿月朔示十三之书阅之具悉。吴仲遥君既及晤谈，开到一单，为之一慰。

顾印伯同年处自可代达，惟前在金陵闻其已得补缺业将到任，一时忘系何县，须访明乃可致函也。何氏子英才荦荦，自系后来之秀。前得馨禀，似别有计虑，容再审酌，无遽谈及，循事为是。

苍一在沪有前月廿七来函，言不日上驶，大约已行矣。渠自此间匆遽而去，复偕颜吉士（楷）入苏一行，于舒复初观察处又借百元，计益当宽裕，乃向成与家人辈信则谓亦已用完。其行李向成均在永和祥，已则另住虹口外国式之客店，以故往还过沪，皆未及遇也。少年恢拓，固非怪事，而所处之境，则殊难言。乃翁凯臣自青神来函，言下半日便昏瞀不能治事，虽在馆亦万不得已而为之，若甚焦急者。然及论苍一，竟有怪我怂其留学之意，词颇不近情。我一笑置之，以之致苍一来函，却未道及，然又似已收到者，殆真有慌惚之象也。

吾儿一月用度单皆非浪费，脚下湿气如何治法，不可妄服祛湿之药，致伤本原，切当慎之。此病我已二十余年苦之，然不过痒而已，痛亦无大害，所谓肤末之疾耳。吴医以为佳兆，不尽无见。我于湿气发动时，必无他恙，眠食俱佳，固明征矣。

今日报载，有海军学生七十人同行退学事，言因阅报室被摈，因大受欺辱等语，阅之悲慨。国势不振，篱下依人，此等现状宜乎不免。然彼间自有公论，旁观切勿干预为是，可固以知警知耻，益鼓厉（励）向学之心。而不可求逞一时，妄图雪愤，蹈于市井求胜之为。愿吾儿深维此理，不受外人牵率为幸。

吴姨病似已见效，而又变相。前两夜咳颇松，昨晚忽失音。洪甄宜以初七夜与我偕来，昨初九午后乃去，已将返宁波矣。

我初六夜赴大团，次早至泥城，开棺相验一老妪，则前月廿八夜为窃匪以两被蒙压气闭而死者。其家本未报案，因已访出，特往补验。乃临时尚有拦验之禀，亦可笑也。

吾川官费一层恐不可得，九爷虽在省，似乎未便言之。以东游者尚多寒畯，不可图占其额。只要吾儿专心志学，不必以用费为忧，父必能为筹画，虽拮据乎，此固未至为难也。培叔及八儿今早甫自沪归，中旬内但有便人，即可托恒泰寄日币也。

周莲舫辞去，而王镜甫尚在此，其谨饬不通方正，我所深喜，故仍暂留之。王少谷允为我找周舜卿帮忙，如妥则即求舜卿觅人，再行辞镜甫为是。毅等所见皆缪，不能俯允也。（无识而不知公理，由于无公德，不读书之故也。）

中法药房有电气脚垫，即谓可治湿，我买得二分方试之，然上脚两日，反大流脓水，因不敢用。昨思之，或须先驱尽积水，乃能见功乎？故今早又以置之履中，俟考校确实，再以语汝也。

日来银洋价均大跌，或亦官中转机也。十三言已有函寄东，收到当可一笑，我固未之见也。近日天气变易甚大，忽冷忽暖，切宜慎护起居为要。（已服大小儿矣，儿衣足御寒，勿太省，勿熬冻，切切。）

小阳十日

父谕

第十二号

侃儿知悉。

前日复示一函，计尚未到。吾儿以“度支将罄，求以英洋六十元交恒泰换成日本金洋，即由该号寄东”等语，究竟六十元换金洋若干，且较日币孰优孰绌，殊不可解。今日十二，父将赴闸港勘案，便拟顺道莅杜家行、召稼楼等处察视学堂。此款六十元，即由上房月费内提出，俟便人带沪转交恒泰寄去。寄到之日金洋若干、是否合算，须详以复我为望。

雨二日，今晴矣。东国如何？一切珍重。

十月十二日未刻，即登舟也。

第十三号

侃儿知悉。

前得来禀，并开到用度清单，知旅费将竭，亟待接济。遂以六十元英洋连信交柳荣，以为有便至沪带交恒泰，即可转汇矣。其时方当赴闸港勘盗案，归后遂忘问及。昨又由北蔡相验，归始知账房王镜甫回苏多日，未送款赴沪，故仍搁下。好在昨晚镜甫已来，明日有钱船往，而培叔亦将同去。因即托其亲至恒泰，与之交接，当不至误。惟英洋六十可换金洋若干、比较日币何似，儿函既未之及，不免懵懂可笑而已。收到后即详细告我，则下次自了然矣。

东游来往之人流连海上，堕落者甚夥。朋好谈及，皆谓其在东已不可问。习气之坏，勾引之多，几于谈虎色变，指为子弟必不可蹈之途。父知吾儿尚有把握，不至自甘暴弃。然非坚定其志向，检束其行止，兢兢业业，有临深履冰之惧，不可以涉风波而无失，是在吾儿之知自儆而已。苍一既归，可与结心性之交，为劝善规过之。友者为何人，最要是敬而可久，不涉戏谑，不相谀颂，共有相诫相成之意。出一言则互相纠察，行一事则互为勘辨。总在豫为防范，不待既失而图补救，庶几君子，此父所殷殷期望者也。现既以向学为目的，一应国家大故、乡里情形，心知之而审辨之可也。妄肆议论，出名辨争，皆宜敬逊不敏。此非怯缩，固思不出位之理也。无贻亲忧而蹈薄俗，愿吾儿切切志之。吴子安能时相过从否，甚望儿于里鄙戚好中得一良朋，意实注重此君，果可以古义相砥厉（砺）不也？

磐若有九月十六成都来信，言此月中当可挈眷来苏。乃郎本欲东游，似以不能请咨自沮。其遭虎狼毒噬，亦不欲与之为敌，谓上游多庇之者故也。然则锦江殆又一屠伯耳，蜀民何辜，乃遇满地豺狼乎？当道亦何其忍也？

仲培言藤斋有信，以十九内渡，此行当托寄物回川云云，岂诸君皆习速成师范乎？不然，匆匆一年，何其遽也。

父近甚清健，吴姨病已去净，虽未出房门，眠食皆平稳无恙，勿以为念。月初大冷，近较和，东国气候何如？饮食起居善自珍重是望。

父示

十月廿日

第十四号

父前月至金陵，午帅相待甚优，殷勤若故旧之好。其召饮时所谈，不特推心置腹，且若深相引重者，视前在吴门时又大有异。其议论平正，气度宽宏，亦视昔为胜。可见周历各国亦有进德之益，不惟阅历增进而已。儿俟成城卒业后若欲入陆军，亦可求其咨选，已略言之。然究当如何，汝可自行斟酌。宜于何所，悉听如（应为“汝”）择之。午帅、清帅均可由我禀求，计无不邀俯允矣。

九爷在成都来电，言十三姻事。德阳令高云程之女已允，候复电下聘。已托马超甫代为致电诺之，并汇去百金为纳采用。高为蜀中良吏，颇著声绩，陕之城固人，由拔贡入官者。

磐若事以七月六日之电言“屠伯所至，杀人如刈草菅，多不禀报”数语，上游饬查得实，故李锦江被参，永不叙用云云。然李在叙永辱磐若之事直无人理，与强盗何异？有东游生归未留发，遂电请正法。其兄为教习，用教科书亦请斥革生员永远监禁，赖锡帅批驳未允，得以保全。顽固如此，学生亦可危也。然陶欣皆来函言，学生在京得志者之所为有百倍于顽固者，奸巧营私，不堪言状。今日《时报》所载警部之事，即归咎此曹。甚矣，士习之坏，不仅腐败而已矣，儿函中所言固有见哉。

第十五号

侃儿知悉。

前日甫发一函，将恒泰数条附寄，不知汇款何日收到也。今日得廿日灯下寄十三之函，阅悉一切。外校室长，同人举汝承乏，既事务无多，不至有妨功课，自可不必固辞。然父念汝年轻，尚无阅历，恐不足胜任，无以副朋侪责望之心。而尤虑因同学公推幸得高点，致汝增志满气矜之失，有损于汝者甚大，故闻此转为悬悬。汝须不忘汝父之诫，事事审慎，时时警惕，无使骄溢之象萌芽于语言行动之间，是所至盼。本校倘有可补之额，早日传补交替，尤父所乐闻也。

《民报》之盛，自属气机，所见端虽当道，亦必付之一叹。然心存君国之士，惟自顾把握，不为所推移可也。吾儿方居向学之时，只宜以课己为事，道德、学问、艺能均求实践，冀有实得，庶不虚负远游之志。若一时议论之纷，类皆持之有故、言之成理，少不自主，遂为所移，此汝父所以常为隐虑者也。至于下流陷溺之事，汝似能见到，不肯失足，要在始终执持定见，不受渐染，自不患沦胥矣。得三数良友，时以古义相勖勉，以流失相防闲，不患不成大器，志之勉之。

昨季穆书来言，当以知县赴鄂，乞助五六百金。不允，则馨可念，只好为勉筹。而目前支绌之形，实难为外人道。子长何不图一官费，知我实况，当不忍责望也。季明之仆仍寄，此荐既难，资遣亦不易，顺口说说，则固无乎不可也，一笑。

两日天气平和，东国寒意何似？一切敬慎为是。

十月廿八日

父谕

第十六号

侃儿知悉。

前月交恒泰英洋六拾元，由其换作日币，连信寄往东京，当将取到？

收条续行函寄，未知吾儿此款已收到否？十月来禀，计算旅费于月前即告匮，父深虑其延不递到，致吾儿窘急也。

自入月来，此间气候骤变，寒威凛烈。前夕风雨大作，手足俱为僵冻，想东国孤悬海中，四面海风，恐较中土为更冷。儿所服皆呢毡耳，总逊于狐貉羔裘。闻室中例皆围炉，然由寄宿舍往返校中，必冒风雪。虽曰可炼肌骨，亦须有备御之方，切不可勉强支持，致有感冒。倘购备冬衣无钱，只管据实以告，父必为汝筹之。华丽诚无取，若御寒则万万不宜省啬。儿当深体父心，勿谓仅以俭用为承志也。

彼间功课非我所知，进益与否，汝自知之，贵在毋自欺而已。事亲守身之大，不以远迩而间。父所眷眷者，儿切勿忽视为要。吴子安处月前曾有去函，而无回音，未知果寄到否？汝殆亦未易晤面耶？

萍乡忽有匪乱，白衣白帽，旗书“革命军”字样，见于奏报之电，亦诚骇闻。然报言，首匪坐四人大轿，我便知为无意识之毛贼，扑灭必易。果湘赣各军甫到，即如风卷败叶，斩获将尽。其幸逃者亦鼠窜入山，计目下已殄除净尽。不过，无辜愚民遭池鱼之殃者正恐不知凡几，哀哀生民何罪而忽罹此劫也。惟金陵、汉口均查出有通气之匪徒，捕斩似已不少。宁垣获犯供出若辈有勾煽营伍之事，并闻牵及留学生。现在，上海道宪奉饬严查外洋入口船只，有无携带军火及形迹可疑之人。县中亦有钉封密札，大略相仿。香帅札中言其反诗暗藏革命党孙文字，已见于报，故防范稽查异常严密。不知出洋留学原期磨厉（砺）成材，为国家效用之藉，何竟为人煽惑，甘蹈不韪，致取杀身之祸。传闻鄂宁所戮即有留学青年在其中，又与唐才常相类。可恨实亦可惜，岂视生命不如蝼蚁，仅羡慕胡说八道之报张？以志士目之，而遂甘受白刃耶？抑何其愚之甚矣！现既有此恶潮，邪说之盛，不问可知。吾儿切宜思洁身之道，一心一意，专志向学，除入校肄业外，即闭户自修。无论何人何地开会演说及聚议之事，亦一概辞谢，不必一往，即友人招请亦宜托故避之。而于学问外之议论，皆可塞耳不闻。与友人通书，惟宜论学，自余世事安危、中外政务，均不涉及一字，斯为思不出位之君子。志之慎之，千万勿违父谕也。

父近日甚安健，因冷略服鹿茸，亦尚投。吴姨已愈，而咳未净。毅以妇言挈儿女同入苏求沈医，实非重病，亦不禀命而行也。帐席已送关聘约张少青，望前当可到，其调度当可灵活。江北饥民麇集清淮、维扬至数十万，可忧者大。赈款万难，今夕札至，我勉挪解千元，再募以归垫，然终无济于事。札中惨状令人痛哭，何天时人事之至于此极也。冬寒，儿慎自卫。

冬中六日灯下谕

第十七号

侃儿知悉。

父初十之晚登舟赴沿海勘相筑塘地段，出门之前即以旬余未见吾儿来信，悬悬于心。其夕四更，泊朱家店。十一阅七团、六团而至五团；十二阅四、三两团，因船不能通，遂肩舆至老港宿；十三由二团至大团，下榻泥城之义塾；今十四，早直至汇角海边，折而北行，逐一相视。绅董为顾詠葵、储竹君二人相从，余皆于本团同勘而已。申刻回大团镇，登舟回署已暮。

明日祖父忌辰也，到家即设祭，悲恸何极。稍定，检案上来函，日本惟陈季珉（十月廿三日）及四川学会中所刻叙永磐若受辱事二纸，不知何人寄来，而吾儿仍无一字也。父不免益滋戚戚，不知去函均到否？恒泰日币已收到否？儿有何事？有无病痛？父心甚不能释，何以明信片亦无一纸耶？功课忙，事务冗，亦须以明信告平安，示十三等。每旬有其一则，父即可放心，儿乃不知耶？父衰矣，爱子之情自知沾滞。古人以儿女情长则英雄气短，然为此言者必少年气盛之词，恐一至晚年，亦终莫能自遣。故人子之能体亲心者，于区区家信正不敢忽。杜少陵谓“家书抵万金”，计其入蜀后已上无父母，其家仅有一弟及妻孥而已，而为是云云，岂过情哉？羁旅之怀，未能自释，反而思之，则家中之所企望亦何莫不然，又岂特万金云尔哉？吾儿其必知之矣。

江北灾况至亟，清江流民聚至三四十万，扬州亦不下十万。其南渡者，虽再四堵截，终不能免。经午帅奏请发帑振抚，并飞札劝赈，中言惨状有全家投河、自缢、服毒者多起，伤心惨目，令人不忍卒读。父得札即日筹垫千元，又另觅棉衣二千件，分解本道、本府。初十，乘合县绅董在仓议公事时亲往演说情形，为劝分之计，并为叩首以求之，盖代百万灾黎泥首以请也。绅董等颇皆感动，因父作有四律，钞示诸君子。今日归来，始知已为刷印，到处分散，故以一张寄吾儿，聊望知此而恻然动念，即为吾仁心之所发。扩而充之，虽以任天下之重，可也。孟子以孺子入井为喻，只在动不忍之心。有此心，乃有是政治，天下可运之掌上，非虚言也。新学家讲担任义务，耶教讲救世，何一非出自孔孟之理哉？父谆谆望吾儿勿废四子书，凡所谓新理无一不赅于此书中，亦无一不与之合。若背驰焉，其理必偏，必不可行，此颠扑不破之论也。苍一宜昌来一函（十月廿四大方栈发，云廿七开船赴渝），言与吾儿论主忠信三句为终身目的，诚然诚然。然一“恕”字及言“忠信”二句，亦金科玉律也，儿幸时时细绎之可也。

萍乡祸已戢，匪类擒斩将净，在日士官校之刘震即春江已奉缉拿明降，并另有数人均事发。东渡此辈谬妄狂悖乃至于此，虽倚海外为逋逃薮，能终免乎？即免，其亲属能倖逃乎？无父无君，适以自害害人。试问此次斩刘之人非若辈阶之厉乎？既在校中，必尝读书可知，而昧理至此，甘为悖逆，是诚何心哉？父恐谬说悖论之流布也。愿吾儿勿忘忠孝大义，勿与作缘，一意向学，以求一己进步。一言一动，一字一书，必先自检焉。庶乎其不背于道、不惟远祸，亦即进德也。勉之，百凡自慎。

十四夕谕

第十八号

侃儿知悉。

前日甫发一函，本无他事，而又不能不为吾儿告者，正有故也。

江西萍乡乱事已平，匪以湖南之醴陵、浏阳为最多，近日斩捕已属不少。而究出之匪首刘震字春江者，乃在东洋士官学校，其党羽亦有留学生在其中，业已奉旨指名购捕，而鄂、宁缉获之犯亦多牵涉。近见逸匪名单内有数人皆装假辫，则其为由东回来者可知，是何妖妄之谈而令少年为所易惑若此也？昨报又载，金陵参谋处总办道员章元亮密禀午帅，谓留学生品类不齐，有以官费生而并不入校浮荡游冶者，私费更不堪言。且无论官费私费，其思想言论多不可问。故帅即委其赴东查察，将以根究防范故也。然则留学生之获益与否尚不可知，而先为人所疑，将有动辄得咎之虑，不转成危途寓骇机哉？人之志行原各不同，未可例视。然狂言逆说腾播如风，中无主宰之后生，正不免易为所惑，无论悖逆之说也。即如以中国种种腐败而生嗔恶心、怨怼心，其流失即有谬妄现象。故因苍逸（应为“一”）之归，而我已有不放心之隐，彼其欲挽回补救是也。而不审可否而思力革之，未有不蹈我所谓踢锅捣灶之害，终亦无益有害而已。苍之议论甚不以我所见为然，我亦何能相强？若吾儿不知守汝父之教，则恐贻汝父以忧，又何赍远涉溟渤，终年累月，父子不相见哉？儿见此书，可自省察。倘能恪守汝父训，以忠孝宗旨，从四子书为立身根据而进求技能，增益智识，则即留东多学数年可也。而必屏绝荒诞之言，不以入耳，跅弛之士勿与订交，以为自洁之计，父庶乎略可放心，不然则速谋回中。虽屈迹终身，能作安分守法之民，亦不至贻吾祖宗父母之羞辱，而又依依绕膝乐共天伦，何快如之！儿可缕陈其所见，以俟父之体察为要，切切。

正缮此间，邮局寄到照相四幅，为东历十二月廿二发，殆以耀华片缩照者乎？毫未走作而色颇黯然。询知与沪上刷金水者异耳，洵可贵也。

毅前日回署，张少青亦于其日到馆。我生日不准惊动，昨毅乃挂金纸屏，已饬全撤。今早颇有感冒，似昨剃头冒风之故，然非重也。仲叔今早来，又生一女。咄咄怪事，陈季珉函来所询路事，我不欲答，以无从悬揣也。苍宜（应为“一”）书犹执，更何须与辩哉？吾儿慎自爱珍卫一切是望。

十一月十九日谕

第十九号

侃儿知悉。

昨甫发一函。今日为父生辰，外客一概辞谢，不收一礼。即书差炮烛亦屏之，故未有一客，惟署中朋友、子侄两席而已。父小有感冒（昨夕服银翘散，已见效，今寒热解矣），亦厌油荤，尤为清静。

以仲培叔昨早来，晚间细谈之下所闻于同县藤斋者，父既为一喜，又为一虑，故又有以为吾儿告也。藤斋为培叔言，吾儿在成城功课既繁，用心亦专，向少外出，故于外间习染一无所预，并言志趣甚正。儿于诸恶习皆视之若浼，必不至为所转移云云，此志士仁人上达之君子之所为也。何幸吾儿已具此识！父闻之，几有喜而不寐之概，愿吾儿始终坚持，以求卓然成立者也。

藤斋又为培叔言，同寓诸人中多不顾行检，每晚赴堂上课者，其名归则挟妓同返，留妓于室，同床共枕，宣淫无忌。始则旁人诋之、詈之、笑之，渐则均效其所为，无复顾忌，（至同室六七人，夜则一半有妓同寝。此中国虽上海之垢秽亦无之者也，何彼间乃后此糟耶？）虽以赵某之俨然方正而亦为之。又甚者所录讲义，上则借人所钞以为蓝本，下则出钱求人代钞以掩门面。而所谈皆淫亵事，于学问一道实懵无所知，或遂浸淫邪说，以悖逆语词为口头禅，自诩豪杰。以至值孙某开会时相率前往，跪呼“万岁”而不知耻。并言在东，华人总在万四五千之众，其浮荡于外，与挂一入校之名，而言狂行悖者数实逾万，其有志向学者至多不过千数百人。而其中亦有一半未尽可信，亦不能葆其初心，以诱之者众也。殆举所识诸少年叩之，藤斋于吾儿外，盖能保其能自洁者，殊觉寥寥。噫，是何其荒谬乃尔！夫非失其本心哉，浅言之即为丧尽天良。吁，可虑已！即如挟妓于同人共居之室而不之忌，非毫无羞恶之心者，岂敢出此？就此一事观之，其丧德败行，何所不至？宜乎？于悖妄之说而亦徇之，试问彼无父母宗族乎哉？何以不思避祸若此？而固明明以求学往也。以求学往而自种祸根，恐其父母知之，将痛恨愧悔于命子弟之东游也。

父闻及此，用特密为吾儿言之，以后无论同乡与否，凡平日先有交情，而其行止之不修，有如藤斋所说，则无论何人，其寓馆均当绝迹，不一过之，以免为所污玷。盖与此种无行之士相交已恐为有识所议，若再至其污垢秽浊之所，与之坐谈，人将疑我与之同趣，其玷辱于我者甚大，亦即为父母之羞。虽不欲遽与之绝，必思所以远之，而后不为所浼。儿当以父此言为金科玉律，切勿忽视为要。相知有素，或戚或世谊，则当密为规戒，望其改行。而仍潜察之，果知其面从背违自甘下贱，即宜断绝往来，自立于洁清之地。庶几不如己之友不为我累，而己之志行始可质诸青天皦日而无歉，儿幸切切识之。

又苏友谈及宁、苏官费学生月领多金，并有未入校者，或倏东倏西，以便其欺朦（蒙）之计。因而有不堪问者甚多，上游方派专员前往查察。父因忆章生东渡已三年，即闻其数数易校，殆亦此类耶？以官费供游荡，可谓绝无天理，即苍一所言子长颇事挥霍。试问一身游学，除学费外，尚何所需？而乃酬应棼如，则亦必冶游之类可知。而乃责人接济，陈海珊兵备言以银钱供人嫖资，不啻我为所嫖也。言虽相率，不能谓其无见。

父近既窘绌，而于此二人之呼吁，皆置之不答，实不知其情状故也。（章生官费颇优，果能节省，不难分润其家。而反以乃父之函寄我，可谓唐突。）儿旅费甚竭蹶，凡有求者，可以自顾不暇谢之。一意志学，谢绝征逐应酬，则无厌之求亦可省入耳也。父所言皆为吾儿筹虑周至之计，须密识之，不必告人也。

校中功课既鲜余暇，父去信亦不必一一禀复，只当留存，时以自鉴为要。旬日中能发一明信片以慰父心，即甚好甚快。起居饮食衣服，诸望慎重。（遇便，嘱镌牙章者镌“琼言”二字之章寄回，甚好；不便，则置之，非亟亟也。）

父六十一岁生日书示

第二十号

侃儿知悉。

前、昨两日连发二函，因见风潮之恶、习气之坏，隐以为忧，故兢兢为吾儿戒也。白金托印之影相四幅，日前已收到。外挂一张，毅、谔各求其一，尚余一张未出，拟当以寄馨也。

儿今日有一函至，乃十一日所发，计十日而达。又知恒泰日币其日收到，为之一慰。特未知六十英洋得日币若干，尚不吃亏否？彼间天气尚未严寒，大约与近日此地相似。当我赴海滨前结冰逾寸，颇觉奇冻。近五六日则甚和暖，缸中不复凝冰。父前日小有感冒，服银翘而全愈。今日一狐裘外，并半臂亦去之，气候和平可知也。

儿于东游诸少年恶习既深以为慨，必不沾染于身，此固父所深喜。至言“大道为公”数语，本三代极盛气象，即孔子亦不过想像（象）慨慕之言，而未尝躬际其盛。吾儿何所见而遂以为可期耶？毋亦奢愿，而未知不易偿耶？至一家骨肉之亲互相残贼，敢于倾轧如仇雠，而反为他人言之。此辈居心行事必不堪问，虽同乡同学，必不宜与之相亲，所谓“其所厚者薄，而其所薄者厚，未之有也”，正谓此也。人于父母、兄弟、伯叔、子侄间犹凉薄无情，而望其于友朋之谊笃焉？此必无之事也。前人有言，对疏者言亲者之过是大不智，对生友言死友之过是大不仁。此虽分言之，然与所亲而忍于相构，又为疏者言之，其元良之澌灭久矣。至言之于海外，与偶焉聚处之人，则其不仁不智，实已兼之，且亦即无耻之尤也。儿所遇果有其人，切宜畏而远之。盖此种必有蛇蝎豺狼之毒性根在，而始出此，甚未可不之防也。然惟当秘密此言，勿使彼知为要。

馨今日亦有信至，乃十月廿三发来，言季穆尚未北上，以高七爷于十月廿日到家、九爷先于十六自省归，故一时尚未能出门也。惟七爷第二子石渠名高焯者以署丰润令近见邸钞，经袁蔚帅以“始勤终怠，庶务废弛”奏参革职，恐七爷见之，将大忧气耳。（袁去冬明保，今忽严参，竟请革职，恐或有意见。）

父相片能添印数幅亦好，不印亦可。眉老手迹乃聂中丞石印，闻已无有矣，友鹇仅以一分赠我。去夏，乔茂先欲多得一分，亦无之。友好见索，只好婉谢，以非蘧园所存也。（廿一日灯下写至此。）

前写至此遂搁下，廿二即苦不怿，喉既隐痛，时有寒热。适陈燮经来，招之一诊。仍用银翘散而不得汗，夜中服桂枝尖一钱，天明乃汗出如泻，诸病既解，人却困顿不支。故昨日惟闭门调养，不复理事。今早似更见强，儿可勿以为虑也。励志保身，慎自珍卫，父所深慰而企盼者也，不惮谆谆以告，切宜志之。

（十三于廿三亦病寒热，皆由天气太暖之故，遂感温风，昨已解矣，而尚困卧床上云。）

廿五日

第二十一号

侃儿知悉。

前月晦日见八儿处有吾儿来信，一是平安，甚慰甚慰。

惟不知年内可移入本校否也？交友必择人，为出门第一要义。凡浮嚣之士最不可近，尤显而可征。即如去冬因取缔之说大起风潮，至有全体退学之事，父闻之，甚不谓然，始终不肯为一字之附和，先后所以示谕吾儿之函，当尚在也。今年见公使查出为首纠众之十九人，开列名单，以之入奏。父即按名钞存，以备考校乃果也。

江西萍乡肇乱，纷传有革命党煽动其中，如指名刘震即春江为士官学生等语已一再列报，本日《新闻报》又登有汉口拿获朱子龙一名，系剪发西装，由日本内渡到汉口仅五日云云。缉获之李弁，已给赏洋二千元矣。朱子龙是否朱剑，似颇近之，而所供出之胡瑛、梁锺翰、刘家运即敬庵等等，记得多在取缔滋事单中之人，亦即在沪纠设中国公学之辈，抑何悖逆荒谬至此？一经拿获，自不患其漏网。试问以求学而出，远涉重洋，父母望其为何如人，而乃以叛逆终也。得无因交游不慎，为人摇惑，至甘蹈不忠不孝之恶逆而不可追也耶？吾为之恨，吾且为之惜。使早兢兢于孔孟之教，不敢一言一事之背驰，何至终罹于法，与盗贼同僇也。观此，则凡少年气盛之士，可以惕惕于心，自谨范围，以求免祸，而莫要于慎交谨言始。吾儿幸密识之无忽，以后识一人必必访其踪迹，审察其言行，勿泛泛遂称莫逆。而信札往还，尤当慎之又慎，即名片亦勿轻以授人为要。

天寒岁暮，风雪侵人，起居衣食均宜自卫也，切切！

嘉平二日　谕

第二十二号

昨汝兄騄有禀至，言年满甄别留省补用。钞到北洋考语尚好，我觉其不足当之耳。赵军帅乃有饬令查探实业办法，虽无薪资，亦见上游之知有此人，我故谆谆教以黾勉自立。年底竭蹶，寄二百元以资度岁。惟命其购吕新吾先生《呻吟语》，为日用言行之鉴。果能恪遵，或可知所警惕，不至遂失人格，即事功亦不至为无本之治也，并以告汝知之。

点校者附注：经查日记，此件写作日期当为十二月四日。

第二十三号

廷侃知悉。

前所发之函一一到否？江南天气燠甚，月余无雨，病证孔多。昨夜始见微雨，能得畅下，或变而为雪，斯亦幸矣。东海气候何如？儿当善自珍卫为要。受寒不可，蕴热亦不可，全在自己斟酌也。

署中今日始开征漕米，奉到奏定之价每石折征钱四千五百文，本极平允矣。而无锡米价乃日益涨，已购定一万石，价为四元八角五分，白粮则每石七元，亦径定有二千五百余石，皆张少青经手。以目前计，似尚可以敷衍，父亦不以搅心也。

儿在校中，惟以一意向学为主，日起有功，自有进步。总要少出门，戒滥交，绝酬应。庶几非礼邪辟之事，不涉于身，而心志乃不至于外骛，慎之慎之。

吴姨近日又复病卧在床，总由不听训示自取之咎，只好听之，大约亦不至遂死也。七儿较平平，书亦按日诵读，十三亦然。汪先生函荐俞显堂教读，已复函允之。候回信下关，不知何以尚未见复也。汪在法政学堂绅班考试列第一，不知究如何为出路也。

饮食起居一切自慎无忽。

嘉平七日

第二十四号

侃儿知悉。

昨邮到示十三一片，知先后去信已到三封，想后尚有至者。父所谆谆者，乃过虑之故，然亦因风潮方剧，故恳切言之。而汝之远游必当以择交为第一要务，守定孔孟之教，勿忘忠孝大义，则固终身所当服膺者。自学说日新，不惟推倒汉宋，以“无用”二字抹煞之，甚而訾及圣门，竟有谓为贻误中国之本。此种新奇之论，无识者多喜之，以为所持功利主义可征实效。不知若辈意别有在，隐欲摧毁伦常，以逞无父无君之狂悖主见。而当道初不之察，从而提倡，岂知酿祸之遂至于此？然则今日之为革命排满等邪说，固早伏于十年前救贫振弱诸伟论中，而惜乎人之不加察也。父所以训诫儿辈以四子书为立身根柢，再求曾益其所不能为应务之具，庶几体用赅备，足以自立。若以我言为迂，视同顽固，不知毫厘之差，流弊遂不堪问。愿吾儿日夕兢兢、无忘斯训，以为进德之道也可，以为免祸之方也亦可。志之，志之！

此间自入中旬，连得畅雨。十六雨雪交作者半日，惜未凝积。而天遂一变，寒意骤增，似得冬令之正。父前病已去净，饮食亦增。吴姨则仍夜中再作寒热，作即嗽甚。我昨与二叔商酌，以邪在半表半里也，用桂枝汤兼小柴胡汤服之，似已有效，气色较好，胃气亦佳，或无害也。

十三前与高云程议婚，十七高九爷信来，始知女长四岁，亟复函请作罢论，以不相宜也。

自初七开漕，虽不如上年，收数尚好，解款均已敷衍过去。米以四元八五买一万石，近则涨至五元四五，只好姑待苏庄索欠纷来，聊薄应之，不能清偿也。乃借钱之信络绎不绝，实无力应付。徐麟书由日来信借二百番，李蕴斋苏函欲三百番，皆以夫子不答、置之非恝也。从井救人，而我已先入井矣。此外，五十、三十则更不必论，惟计吾儿学费，恐又将竭，或新年再设法乎？

今日封印，颜拥书在此娶妇，早间一往贺之，汝诸兄皆往预宴，尚未归也。

地方幸安静，公事亦渐打扫清楚，不甚烦难。请筑圩塘，藩宪派来督工委员洪友兰刺史（鼎棻）到已五日，奈雨后海滩泥淤，绅董商定新正开工也。洪公为琴西鹾宪之幼子，明练稳诚，好手也，亦属幸事。江南缉捕革命党不绝，恐不免诬滥。然上游万不敢庇纵，可悲亦可慨已。蜀中路政一无所闻，留学界中近有何议论？未知苍一近有信否？儿饮食衣服起居，加慎为望。（近日并信纸无之，可笑。命在沪买，则柳荣等数忘之，真穷相也。）

十二月十九夕字

第二十五号

侃儿知悉。

今日猷侄处明信片甫到，十三之函亦续至。知汝于十一日迁入成城本校，父为大慰矣。寄宿舍虽好，而一日再往还，必须冲冒风雪。值此严寒之际，每顾天气，即不放心，既入校则可免此苦，何幸如之。同室又系同乡戚好，彼此可以照应。凡在一校之友，固当谦以相接，和以相处，尤在虚心相交，以道义相切劘，以进益相规劝。而要必持之以敬，期于可久。孔子独称晏平仲之善交，即后世师法也。末俗戏谑讥讽之习，征逐酒食之行，切当痛戒。而吾心所执持之理，只宜默自慎守，不可随人转移，即因以静察。同人之孰短孰长、孰可以师事友事、孰宜敬而远之，皆内审于寸衷，而不宜形诸齿颊。苟一不慎，使人窥其厚薄之形，则必有龃龉之渐，此又不可不知者也。爱众亲仁，圣门为弟子示标准，而即终身所不能或背之义。至与人相处，总须抱定一"恕"字，始无所失躬自厚而薄责于人，则行恕之方法也，儿宜时时念之。

前信所言，为藤斋过沪时告培叔之语，父深以为虑，非专为吾儿言也。东游皆青年之士，奋志求学，不惮涉海远游，而行检乃不自惜。若此，则名誉之隳败，更何待言？试返之初心，何以自问？且淫荡不顾体面至是，恐为友朋所不齿。其身体之戕贼，亦未有不受害者。万一染受恶毒，斫丧精神，又何以对父兄哉？今知子安辈之卓然有以自洁，为之快慰无似。儿当互相劝戒，共兢兢焉以名行为砥砺，始不自负负人也。

又近日革命党之被捕者甚多，鄂渚、长沙、金陵、沪上之见于报者已十余辈，虚实固非所知，然闻供涉姓名不下一二百，恐正不免滥及耳。儿宜与同志约，专心在校肄业，以少外出为要。计凡一切开会演说之场均可不预，以吾志在求学，不暇预闻他事也。而谈议之常，亦须立一界限，不为激论，不议国政，一以稽经诹史、考古证今为务。但就吾身所应求进益之事着眼，国家措施、政府得失，概不之道，以言之固无益也，奚用哓哓？为如此一主笃实切己主意，则我向学目的乃专，进步乃速，亦即省烦恼、免是非之道。

又闻留学中有旗籍子弟，而无知之辈见必诟之，是为排满之派。此其见识之悖谬已达极点。自中国阽危之局言之，全亚联为一心，尚恐不易自振，而可自分畛域耶？况朝廷尚无异视，而汉人乃如是颠狂，直可谓毫无人心、毫无人理之为也。如见有此种混账行，子切不可与交一言，避之若浼为是。不过只当心知之，而不必明言之，恐其如瘈狗之狂噬耳。儿当密志父言为要。

月前小有感冒，刻已全愈。前日封印，明当迎春。今日雨声浪浪，大约不易晴霁。吴姨仍卧病未起，药亦鲜效，而饮食尚佳，或可无害。由笙今日来函，云已禀学部派送东洋，尚未奉批即准，亦必明春乃往也。玉蟾兄弟生长富骄宦气，又第二层薰染。騆之愚或不若其甚，我已严切训诫之，汝与信时亦当有所规益为是。其不得一差，似已大困，自作自受。能因以知警，讲俭啬，厉志行，则未必非福也。

起居一切，儿宜自慎为望。

丙午十二月廿一日灯下示

第二十六号

侃儿知悉。

顷送信到邮局，知于廿八日即将停班，心念吾儿不已，特又写此一函。缘际岁暮之时，人人皆有过年之俗，见衣服、饮食以至爆竹、春联之类，焕然一新，以为喜气，即家中儿女下人辈亦莫不然。不过为境所累者则增一番窘急，而欢欣鼓舞之状则幼孩与妇女为多。计吾儿年未及冠，如其在家，亦嬉游酣乐之候也。今乃以求学之故远涉太平洋，为元明以前人所不敢到之国土。不携仆从，寄身校中。食惟粗粝而谢肥甘，衣既易装，亦非轻裘细软华丽之物。当此腊鼓声中得无有因时生感之慨，以署中所享用而念吾儿之淡泊，即父亦不免振触于心，若有惦念不能自已者。然又思吾儿以成童之年即知奋厉，平日酣豢丽都之境，一旦不以为可乐，而以为可羞，毅然远游，将以淬厉学行、讲求事业，为曾益其所不能之进步。是虽苦心志、劳筋骨、饿体肤，空乏拂乱之交，并而亦必动心忍性，期达其目的。今幸种种困难之尚未及身也，则吾儿志愿之宏，方以自幸自勉，岂郁郁如儿女子之琐屑沾滞，而不能见其大者哉？古人所谓“名教中自有乐地”者，知吾儿必已深味之，何至年糕、麻糖之鄙琐而至萦其意见也？然应候怀人朋友之交，且然况于父子？或恐吾儿于年头岁底，不免有思亲之意。怅望白云，未能自释，此则天性所关，夫岂过虑？然父之属望吾儿者，在为圣贤、为豪杰、为救时之志士、为顶天立地之奇男子。儿既讲求学问，磨练智识，增进技能，父方欢喜快慰之不遑，断不以远离为戚戚，则儿亦可无用其恋恋于依侍而不自怡也。

汝兄弟四人，十三之稚，父以其无知无识纯系天然情性顾之，足以自怡无论也。毅之庸暗，便时有拂意之事。以騄之冒昧贸贸入官，且妄厕监司之列，父不以为荣，且有赤芾负乘之虑。前因闻其窘也，曾以二百元济之。近得陶老伯函，乃知其命欣皆家君公溥至津，以四百元应騄之求，已属至厚。且先由欣皆转恳赵留守，札騄采访实业，一应办法随时禀报，月给薪水百金，是其旅中固足以自给也。乃皆不以实情禀知乃父，而惟以穷窘闻，可谓无理已极，故转增父以恚怒而已。环顾汝曹，惟吾儿向学之专，耐劳苦、甘淡泊之志为足慰我心也。儿益当砥厉（砺）名行，讨求学问，保重身体，务期卓然有以自立，为大慰乃父之佳儿，是则父所深喜者也。

为学之首在求放心，此圣贤切要之诀。父所写《诚意章》及《中庸》首章之朱注，时时玩味，为戒欺求慊之方，然后一切知能乃有实用。世风不古，邪说棼如，断断不宜为其所惑，守定孔孟垂教宗旨，以忠孝为大防。自然种种新奇均不足以淆吾之视听，而于择交取友必慎之又慎，以冀获身心之益，不至流比匪之伤。当此党论风潮，自屹然一无所撼矣。岁云暮矣，诲汝谆谆，皆终身可由之大道，切勿以老生常谈置之。

此间阴雨较多，既有三四月之亢晴（八九十冬皆晴），恐此后必多风雨，筑圩工程将多窒碍，心颇忧之。郡守戚公明日闻当莅此，为普济荡事欲集邑中绅董面商也。米价飞涨，幸张少青已定万六七千石，俟折价派定再当补买，或不大亏。不过今冬比较上届短收五万有奇，恐此三日中终赶不上耳。

高云程处姻事，其女乃长十三四岁，我以为嫌，已函请作罢论。吴姨寒热已解，饮食亦佳，或又可无害，吾儿不必悬念也。

校中湿气如何？或将卧具多晾多晒，亦属有益，切宜慎之。费用可敷衍至何时，儿未之及知。汝恐贻我忧，然不能不预计也。父甚安健，即以慰汝，起居饮食诸望自珍。

嘉平廿六之夕示

第二十七号

侃儿知悉。

今日为丁未新年第三日也。年前雨泞浃旬，至廿九乃霁，微见晴光。除日遂阴阴，无雨无风，及于元旦，次日皆然，而寒度则日见增长。今晨七钟，忽而飞雪，愈下愈大，至十二下则檐端、地面均积二三寸许，一白皑皑，天地顿变光明世界矣。所惜一冬少此，惟腊望翼午杂雨而下者半日，总算已有冬雪（吴山得积寸许）。此间土人言，冬雪则蝗深入地，其首向下以死；冬无雪，则蝗首向上；春雪大，则亦必死。不过死形有异，而均可以歼此夭孽，固亦吾民之幸也。

父于腊杪，公私之累，催迫纷来，不能遣去。遂动不寐之疾，无一夕不若鳏鱼之目，彻夜瞠然，能得天明后略一瞢腾，即算幸事。廿八之夜，因细故动气，遽觉右肋凝滞，前后均作刺痛，中夜益甚，不可贴席。迁延至除夕、元旦，坐卧不安，口中淡不可名，畏见油腥，遂食淡三日。昨痛乃渐解，口味亦佳，计无大害。

见雪甚愉快，既成一诗。意犹未尽，移盆梅于庭，觉花之精神，亦有与我并复并振之象。顷自掇雪烹茶，别有清味，窃意我由此当复康泰矣。吾儿可不必悬虑也。

岁底收漕，较之前年短一千七八百石。固由雨阻，亦实因米价太贵、民力艰难之故。已买之米至三十日始将价付清，未买者尚未能定，以所派折价究系若干至今未奉札也。（前已奉催解折价之札，甚严甚迫。究应解如干石乃不使知，书办则来索钱，许以多派大人先生之事，真令人气闷。）除日所收，尚有三万余元，较去年为毅之颟顸混账为差强矣。张少青调排灵动，自是老手。省庄所欠，均略应之，惟存义终闹不清楚，只好从容对付已。公款应解者，均未大差。上峰追索之严则亦甚厉，总算我尚在中上间，不至概落人后也。

现因初八为戚太尊之母八秩寿辰，拟初六拿舟前往，初七夕到，初八拜生后即搭轮赴沪入省。

所迫切者，米贵日甚，民食维艰，锡米存者尚不敷办漕，如何得了？上游不预为之计，将来恐有滋事之虞。矧近因禁革洋烟，致奉明谕封闭烟馆，目下烟馆之多，何下千万。至少至冷之家亦必有三四人倚之为活，一旦失业，此曹安置何所？而以米贵借口归怨学堂，去秋江浙已有现象。即此间八月十三，大团之事侥幸未成。而各处匿名揭帖何止数十张，多谓学堂、警察、征兵等新政，皆奸臣勾通外洋之所为，其愚诚到极点。而一经起哄，则人多嘴杂，万万说不明白，无从开导。古人谓民碞可畏，碞之云者，乃嶙峋兀突之象。突然而起，不顺不平，无以安顿之故也。一到其时，尚何是非得失之可言哉？我是以为此一事引为大忧，欲拟一条陈为大府痛切言之。或从上江，或从安南、暹罗购定大宗米数，为平粜之计。即使不尽如法，亦足以安定民心，否则真有未知死所之惧。以向来冬春之交无此米价，而以下为日正长也。凡此琐琐，本不必为汝言之。

而以告吾儿者，近来讲新学之士皆视改革甚易，志在必行，所见如苍一之议论足以概之。此次禁烟之骤，亦留学生之经济，夫谁得议其非？而民间积重之形与外省艰危之象，皆懵然一无所知。既无人敢言之，言亦必不之听。求其体察审虑及此，更万万不行。而古今召祸取乱之由，恒系乎此，故欲吾儿之一念之也。

至戒烟，现重取结，则归结亦可。知北洋最严最先，而租界竟大为梗滞，闻已不敢力争，南中大约当视为准绳而已。最可笑者，已出六月封闭之示，而膏捐仍月月勒收，烟馆皆啧有烦言，致八月、九月之捐尚未收及一半，悉由县中垫出，尚严札呵笃，此何说也？又戒烟之药，一任奸商谝人，为丸、为膏、为咀片、为药水，无非吗啡诸毒物，或用烟枪中之垢腻，害人不浅，而利市百倍。曾不一为之计，方驱迫愚民以就之，以至死者甚多，脱离苦海者只若辈捏造之语耳。我所用徐炳服药水三日，致失性发狂，卒投水以死，虽谓孽帐（账），未始非此药水之为也。而当道若幸黑籍之死一少一者，然是岂仁者之用心哉？至谓吸烟之辈不能造反，更无足忌，则真昏蛋之谈。夫不能造反，虽留学生中之革命党且然，何论烟鬼？然造反不足而滋事有余，以百千万辈滋事之人纷纷并起，能一一砍切之哉？不能则彼亦何所不至也。此本吴趼人《二十年（目睹之）怪现状》中胡说，不图竟援为正论，见诸敷施，何世会人材之坏至于此极也。

父以生长乡间，少年所见所闻，于民事备悉。及入京、东游至作令二十余岁，阅历之周，自觉不浅，亦未尝敢漠焉置之。事事均用心考验，审其得失，别其是非，或著论说，或自记注。而至今乃变象日出，一切政令类皆不假思索而来，不问能否实行，而皆以不得视为具文责之，实则终亦具文而已。故身虽在官而心转愤世，亦徒以自病而已。信笔及之，亦足备吾儿他日之鉴也。

本校房屋较宽深，所住楼下湿气如何？正可自图防备，旅费计将告匮，此次俟过沪时或可汇寄如前数，以资接济，不必悬悬。十三今岁读书，由汪师荐俞显堂先生，月修十元，约定十八到馆矣。吴姨虽未出房，已能起坐，自较平安。腊底接吴子安一函、陈季珉一片，均收到，复书亦分寄矣。俞曲园先生廿三作古，灵光岿然，一朝奄谢，亦良可惜，然此老固全福也。章式之比部亦于年下丁母忧，此行入苏，皆应往吊也。

静观世变，忧时之念日益迫切，有岌岌乎不可终日之象。然念吾儿有志向学，不惮劳苦，不辞淡泊，未尝不藉以自慰。而以风潮之巨也，则甚望择交选友毋比于邪，一以谨言慎行为自立之地，要在抱定孔孟忠孝宗旨。凡新奇议论，皆以四子书所有之理以衡之，则是非得失自可灼见。终身不失为名教中人，乃能退修德业、进建事功，而无所于愧，儿幸勉之。雪中呵冻草此，聊藉以自遣也。海东盛寒，诸望慎卫。

新正三日
父谕

第二十八号

侃儿知悉。

初三日曾写有十余纸，封发邮局，不知何日可递也？父于初六薄暮登舟，夜出闸港。初七到松江，初八为本府太夫人八十寿辰往祝。初知其毫不举动，又不收礼，本拟拜寿后即行，乃既留寿面，又留晚饭，辞之不获，遂竟日未行。然刘华轩军门尚招今日午饭，力谢之再三乃已。且说闲话，亦可笑已。顷于十一点拖挂晋华小轮赴沪，或今明日将赴苏一行，大约即原船往还矣。

前函虑汝学费将竭，今以六十元仍交二洋泾桥原汇钱号，令换日币兑往，径交成城校内查收，想不至误。惟记吾儿函，欲买金币，不知何者为合算，此间殊未了了也。

磐若初六午正到南汇，携其第二子偕来（字鼎卿）。留其在署暂住，归后始入苏也，其意兴尚如常也。

父精力如常，不足悬念。昨田春亭告我：去腊江宁龙砚仙丁忧，午帅初欲调我，幸为首府解围，可谓大幸，不然即大不了也。（午帅手下一条，为李、田二名告继藩以可回首府。此二人，我知其可靠故也。许东畬言，李累重于田，恐难束；田年少于李，或易到。故定矣。）目下米价大昂，官民交病，上省正欲以此事陈之。舟中草一条陈，苦无人写耳。

春寒，千万自慎是望。（报言东京大雪逾尺，然否？寒必可知。）

正月初九日

黄浦舟中谕

第二十九号

侃儿知悉。

新正三日写一函，计十一纸，邮局开班即交递矣。父于六日午后登舟（磐若午初到，即留住署内），初七十点到松江，次日为戚太尊母夫人八秩寿诞，虽不收礼，而拜寿吃面，并留晚饭，故九日乃附轮而行。本草就一函，拟在沪以六十元购日币寄吾儿为学费接济，乃三点钟后始到，即趁大东小轮来苏，时间甚促，遂来不及，归时必当寄汝，不必悬念也。父初十到吴门，仅八点，上院未见，先见提学周，继见方伯陈，午后见粮储陆，昨十一忌辰，得见竹老。今早乃得见中丞。

见方伯时，面告以年前即将调我上海，因调缺岁有限额，只好俟之新岁，当经力辞至再。陈公言午帅之谕、瑞道之请，中丞均与之合，断不能辞。并言我意将移君来省，而以繁剧论则上又重要于长也，似万万不得免焉者。昨又求竹老转圜，亦不见许，谓上游慎简所注也。尤可笑者，道来函并云各领亦企望云云，则真哈哈也。而以我私计言，劳逸之殊、难易之别、用度浩繁简省之异，皆非所愿。以乐帅十九年即以此席见许，尚力谢之。今逾十五年，乃以六十余之老翁而不免悭苦，果何说哉？

今早中丞未提及，然以我呈一手折，（来时在舟中草就，昨始命吴署书办为我缮折者。文甚长，以缕叙江南情形也。）因米价太贵，民食可忧，请亟筹采运为绥靖人心之计，甚蒙嘉许。同见皆饬速归，而仍欲我暂留商酌办法，故明日尚不克言返，亦拟再四辞调上，期于得请而后已。否则，沉沦孽海，终此身无彼岸之登，何日可作退休计耶？自问无一长而虚声纯盗，适以自累，真愧悚无地而已。尤有最怯之事，则以沪上浮华子弟易于陷溺，虽猷、敬兄弟亦虑其为人所诱，十三虽稚，亦恐耳目擩染，将不成才，大非宜耳。万一不免，则必严定家法，亦终虑不能涉此波涛也。王年伯之贤，人既笃实，才亦深稳，只与莘宪不协，故遂不久于其位，大约移则将与我对调也。今姑以大略之信告汝，总望辞得脱乃为我之大幸，儿以为何如？

米价日昂，食米已到七元，糙粳则五元五六，而我尚须补买三千余石，何以堪哉？然年前所买四八五之价，视他邑较胜（后皆五一及五三五也）。此不必吾儿耽心，聊一言之耳。

报言留学因有监察之事，校中时有抵忤（应为“牾”），信否不可知。而父之教吾儿者则惟在自治，但求自己立心制行，不违圣贤之训，一以躬自厚而薄责于人为行恕之道。有监察也，吾心皦然，可质天帝；无监察也，吾心亦昭然，无愧神明。一言一行，不越忠孝大防，纯然以砥厉（砺）学行为事，何暇与外物计较哉？交好中果有同志之人，与之密相规劝，不背此义，则用心不纷，学业自易进步，是父为吾儿深喜者也，勉之志之。

春寒，郑重起居为要。（此间初三大雪后甚冷，三日来畅晴，天气较佳也。）

正月十二夕

自元兴栈灯下谕

第三十号

前信为松江舟中所书，过沪未寄。到苏于十二日于元兴栈另发一函，今日十四棹舣盘门，待轮东返。大约移沪之局未必得免，以筱帅昨又面言之也，惟仍一再力辞，未知能曲谅否？然事未揭晓，终属未定。如长、苏久欲得此，闻颇事运动，我又明请让之，或当如其意乎？除夕，挂牌撤宜兴汪鸣凤、委袁世显，已谢委矣。此来乃闻将作罢论，固由欠款遵解，亦柳老维持之力。然则我只作信天翁，安可必哉？不过本非所愿，又经力辞，不调正如我愿，此外复奚用介意也。

曲园先生临终神明湛然，口占一绝，云："茫茫此憾竟何如，但恨粃糠未扫除。七尺桐棺三尺土，此中了却万言书。"意可敬可恸也。顷走访日领白须温卿领事，一谈，犹垂问吾儿也。温卿于曲园作古之日曾电致其国文士，谈次犹为叹息，亦足见此老之重也。

此行抚、藩于我甚相引重，所请预筹采运暹米之折，均极谓然。（舟中所草之稿，十一日召吴署书办为写，清折颇甚长也。）已定拨廿万金为之倡，而提各县积谷息款以壮其数，亦吴民幸也。到沪即当汇款，因添此二纸以告吾儿也。

十四日盘门舟中

第三十一号

侃儿知悉。

昨十五到上海即交恒泰洋六十元，据其所出收票，只合日币六十四元零，言近日较长故也。不知何日可以汇到？已嘱其从速为佳，惧吾儿支绌也。今另附去日本银行票拾元一纸，乃阳源栈中所收，乞为转用。以省城虽能行使，须贴水八角之故，不知能用否？吾儿试留之。

父昨早抵沪，一过培叔，遂至王少谷处中饭。四点上船，而潮已退，少谷来舟久谈。比至十点后子潮将来，忽又遣一差来，言省中已经挂牌，请至伊署面谈。我以再一耽阁（搁）须今午乃能开行，遂辞未往。究竟牌如何挂，至今尚未知，不过在省时抚、藩均欲吾二人对调也。然中丞尚命我速料理交代、本有下月挂牌之说，何以如是其速哉？殆由首府自金陵归，必南京有催促语之故，且恐上游必相督迫交卸，即在月内匆猝之间，令人不稍休息，未免劳顿耳。兹姑以大略告汝，寄来之牙章及《太阳报》均收到。

昨夕大风，今见雪点，寒意栗栗。不知东国何似？望吾儿之善自珍卫也。

十六日

父谕

第三十二号

侃儿知悉。

自吴门归，匆匆写一谕函发去，不知沪上恒泰之款已汇到否？儿前十一来信，十七即到，可谓速矣。

省中藩垣于十四夜二鼓挂牌，父与少谷年伯互相调署，而以王未到之前委方孝充（时娶）暂行代理。然孝充至今无信，大约必月底月初乃至也。漕尾尚有万数千元未收，好在少谷来，可与彼此力催。闻上海尾欠亦将至万，或可互扣，我尚有赈款万金，应改给塘工之用，已发过五千元，余亦交之少谷，以其上海亦有挪动之款也。我既与王年伯为至好，其钱席夏伯英亦即张梅樵内兄，两家均无隔阂，大可联络成一气。惟方孝充因石屑案作鬼，颇有嗛于我。然渠为少谷门人（乃翁命与我拜门，力谢之，故仍执晚进礼），不过暂时权代，其何能为？我亦无暇可疵，固不足介意也。

昨十九之晚，拿舟至王家滩。二十大早，肩舆行二十里至圩工总局，其时绅董在局者多未起也。旋偕出海滨，祀神告开工也。午后，仍归舟返署。海边大风，非常劲烈，董事轿亦吹翻。我于行礼后仍周视谕话，见诸董瑟缩之状，似不如我。归后，虽觉头痛，以姜汤盥洗，再贴药膏，遂愈。而于往返舟中，作《留别》七律八首，颇甚顺手，亦自快也。并以告吾儿，即可知乃父之安健也。

俞显堂先生十八上学，十三甚与相投，连日早起入塾，至饭乃息，必晚乃入上房，似有发愤之象，亦不以为苦。俞师亦善诱循循，当可望长，七与□挑亦从读。以磐若父子即下榻签押房，故先生暂住帐（账）房西一间，儿辈亦读于内，不免太挤，只好俟到沪再安顿也。

今日报言，东国已允促孙某出境以笃交谊，果尔则留学可少多少嫌话，亦不至终为内中所疑，似乎保全者大，特未知其信果确否耳？吾儿则惟当专心向学，又寡言慎交，勿忘乃父忠孝之教。虽狂风巨浪，尚可无惊，况影响无凭之事，又何可虑之有？然总应力主缄默，除学术外概不置论。否则，不为人所忌，便为人所訾，金人三缄，正宜凛凛师之矣。孔孟遗书为立身根本，切不可置之不读，功课之外日寻绎一二章，字字皆金科玉律，终身受用不尽。若昧乎此，而恣谈所得，皆无本之木、无源之水也，奚用哉？父之为此言，外人类嗤为守旧之见。吾儿万不可为其所移，当视为家法所在，始足慰乃父也，志之无忽。

锡清帅已调云贵，而以岑帅督蜀，其原因不可知。然清帅信任李镜清辈，皆贪酷之徒，杀人如草，大是可怪。岑帅虽意气用事，癸卯秋入川，能力锄寇乱，乡人至今感之。其劓官之猛，亦能荡除民害，则此番或亦蜀人之幸也。

我俟方至交卸，或先接印，或先为宁、苏之行，始能定局，当再以告汝也。

春寒犹剧，望善自卫为要。

正月廿一灯下示

第三十三号

侃儿知悉。

前日发一函，已将藩牌饬调上海各情谕知矣。连日清理交代略有眉目，而方孝充尚无一信，究未知其何日可到。昨乃闻少谷有修墓之请，信否不可知。颇嫌近于负气，亦非所宜，果尔则或尚有变动也。（正将封函，得见夏伯英与梅樵书，并无此意。足见外间谣言之多，类不足信也。）近日，省垣又有多牌，更动者六七处，未知究何如耳，只好静以听之。磐若、乔梓于廿二启行赴苏矣。

今日见《时报》刊有学部谕游学生文一篇，字字金石，大抵皆我平日为吾儿诰诫之言。不知是否刊印寄东，每人发给一纸，此实当道爱厚学子之意。所告者三，皆以远大之理相期待，正宜平心静气细绎而涵泳之，终身佩为书绅之训，于一己甚有裨者也。切勿以具文轻之，须知人即虚文，我循循有实得，何可玩视。矧荣协揆虚心大度，留意人材，尽心国事，为一时贤臣。（乔年伯去夏来函言荣公知我，垂问曾否保有记名，亦足见其非臧文仲之比也。）吾曹后生惟当感佩倾服，若故为訾毁，适自形其浮薄而已，吾儿幸勿稍蹈恶习也。

又昨报言宏文有暴动事，至召警兵弹压乃定。未识有诸与否，报以为因纠察员到校之故。即令有之，我无可纠，何畏乎察？置之不闻不见可也。以求学入人之国，而为此浮暴之行，致干其警察之法度，辱亦甚矣。一二血气未定之子倡之，群焉和之，贻全体之玷，殊可悼惜。吾儿当深思远虑，以严于自治为主，万一遇此类事，惟以闭户读书、始终不一干预为守定家教之说，以谢同人，人亦无从责备也。慎之志之。

我十九夜下乡，舟舆中作《留别南汇》八律，就学堂刷出，以一纸示汝，不必令外人见之，徒贻笑也。（此间叶汉存名秉衡昨已启行，东渡留学，想可晤面也。）今日春暖异常，东国何似？一切自慎为望。（甫开师范归，写此。）

廿四日谕

第三十四号

侃儿知悉。

前日甫发一函，近日书差均往沪迎接方孝充，而其何日来此，却无消息。我乃终日无一事，绅董则百方要钱，而岁计、预算两表始终不肯造送，宜乎，学务为愚民所訾矣。

叶汉存则已东游，计必与吾儿晤面，惟不失礼焉可也。

今见《中外日报》登有东京留学界近情三则，于副监督王君克敏多诋毁之词。固不必问，惟后一段言王拟有自费生借用学费章程，但须官费生三人连环作保即可借用。此章一出，至今已借出三万数千元云云。不知果信否？如其有之，东游子弟正苦家中接济不能应手，未有不求人担保以遂其挥霍之计者也。吾儿则千万勿借此钱，乃为肖子。望间已寄去六十余元，皆在吾儿未来信之前父即为汝虑到。以后需费尽可先行计算，早日来函。父既移上海，尤属便易，必不至置之不顾，万万不可向监督开此借贷之端，贻人口实。父此信盖因是特以诰诫汝也，专志向学，无预外事，多读书，少议论，慎交简出，是为至望。

春寒，加意自珍。（元甫得南绸捐之委，其兄亦补兰溪矣。）

廿七日示

第三十五号

侃儿知悉。

前日甫发一函，昨见吾儿寄廷儆书，知偶有风寒，病象虽云已愈，照常上课，父殊不放心。是否年头大雪未加衣服感冒所致，病状何如？似乎曾至医院调理，谅必有寒热发见。口味曾否减淡？所谓已就平者，一切病状已否减净？饮食起居能否照常？如精神未大复，不妨专心调理，以全愈为度，再行上课亦好。千万不可勉强支撑，使病未去净而加以过劳，反恐留恋也。吾儿切须慎之又慎，以慰父之悬系。

学业固宜认真，而尤以身体为重。平日讲求卫生，固校中已有之章程。

而劳逸之间自己亦须斟酌，断断不宜吃过量之苦。至于戕贼之失，总当自行禁遏，必视此身如金玉之珍、如泰山乔岳之重。思为顶天立地之奇男子，总在自家爱重而已。思吾身有多少担任之事，精神元气刻刻护惜，使之永永完固，自然外邪不易侵入。将来任重致远，均恢恢乎有余，始不自负，望吾儿之善体此意也。

十三今年读书颇知愤厉，俞先生亦善诱掖，甚觉浃洽。昨见所作答问大有明机，且能出议论、少梗塞之字句，亦可喜也。上海署内闻书房甚好，乃裴浩老培植伯谦、仲约兄弟而设，到彼后亦能得所，可为一慰。惟我惧其地繁华，欲一改朴素，以为保存家风之计。乃不肖之子妇方赶做新衣，并不听教，闻之令我恚怒，似此皆逆道也，尚何言哉？

昨得竹园元旦来信，言雨岚等在鄂电川请归铜元局挪借铁路之款，实共百三十余万金，现已将所买铜板二万数千石卖出（买价每石三十三两，现卖时涨八两零），已收回九十余万两，外尚欠卅余万，议明由烟馆捐厘划抵，两年可清。九爷谓此事由蔡伯浩献策所致，去年六月在省会议黄楚楠犹附和之，初以为可以赚钱，多赚则租捐可早停。及银贵钱贱，势将失本。帅甚悔之，故以雨岚等之电而幡然改计。亦因留学訾议及此，故改定从速，以为是亦清议得力之一端也。来信言二三月间当仍入省，今知锡帅移滇，渠或遂亦抽身乎？又言沈幼岚已上禀，求退意似甚决，而雨岚则新正尚未回成都云。以我揣之，西林到后，局面必大变，都中如甘、如杜、如张罗之辈，断断欲争回商办，岑不允，则必兴大波；即允，则诸人欲遂其私，必有大害。此公手辣，固迥非易金比也。或者若辈亦有所惮，而不复垂涎乎。

吾儿千万勿再与闻，一以求学为事，何暇他及？虽事关重大，不敢谓官必无成、商可立成也。矧商办，权当谁属？我直不能为诸君子信也。我辞上海不得，而觊此久者，遂深相嫉忌，巧肆倾毁，是移我为射的也，亦何可笑？然惟尽吾心力以为之，他非所计矣。

儿全愈为盼，并望详以告我，自珍自珍。（拟寄香肠，到沪再寄可也。）

正月廿九日

父谕

第三十六号

侃儿知悉。

三日未写信，亦未见吾儿来禀，心殊悬悬。以前闻有感冒，虽云轻减，究竟如何治法、已否全愈？何以又言曰仍照常上课，不虑过劳之非，宜耶？三日无信来，父不能释然者。以报载我调上海事，儿未必未见，而无以此事来问之信，岂病又作耶？昨今悒悒不怡以此，儿须善自保重为要。

此间自初三又下雪，骤增寒意，早晚尤烈。父已脱之狐裘，依然加上，亦若时嫌其冷。东国四面环海，尤较此间为甚。衣服既单，夜间衾褥亦薄，切勿勉强熬冷致受伤也。父母惟其疾之忧，若在膝前，可以为汝保护；远隔海外，惟有"耽心"二字耳。儿亦思有以慰乃父否耶？

方孝充闻有初六午时接印之信，其庖丁等前晚已来。乃刻已日时加申，杳无消息。报言其初四由沪动身，昨书差往新场一带迎接，迄未之见。殆赴松江之故，恐今日之期又将改也。王年伯为我选十三之期，计方改期，则我须十六乃来得及。好在书籍、衣箱等等均已收拾就绪，一俟交卸，便可启行矣。父身体甚健，昨晚二三点钟丁祭归，复得以安眠，自觉爽快之至。家中亦均安吉。

可以为吾儿告慰者，近日各报纷纷訾议留学监督王君，并言宏文暴动所伤之徐某为吾川人云云，而于成城无一语及之，想见安静。无论何状，吾儿惟当严于自治，不妄干预，不妄议论，守定向学之志，力求克己之私，自然不至浮动。砥行砺名之道，即在其中。念之志之，毋忽。

春寒，百凡自慎是望。

二月初六日谕

第三十七号

侃儿知悉。

在南汇去函，不知一一到否？计半月未见吾儿来信，父甚悬念之至。今日于永和祥访蒲伯英，闻其言成城以正月考验成绩，不特学生功课甚密，即来往信函亦当断绝，到亦并不送阅云云，果尔则无信之故亦自有理。并言行时虽未与吾儿见面，然未闻有病，亦知向不轻出，专志用功，为人所共悉等语，则父又深为之喜也。

父于初十日巳刻交卸南汇篆务（方孝充初九午后始到），下午三点钟登舟，十一大早抵沪，即下榻王少谷同年签押房。今日已发红谕，定明日十三巳时接印，大约家眷一时尚不能来，只好徐徐以待。而此间酬应之繁，百倍于汇，公事亦数十倍焉，好在刻下精神尚不见绌耳。此署视南汇房屋较多一倍，王年伯又甫经修葺，我来颇坐享其成，亦云大幸。

闻抚宪电奏截留漕米已奉准十五万石，则所缺之六千余石或可不买，而外间抢米之风尚未能尽净。顷闻青浦界又抢一船，数虽不多，亦系漕米。民气之嚣，亦米价有以致之，可虑也。儿尚自慎起居为望。

十二夜三更

父字

第三十八号

侃儿知悉。

在南汇时即以逾旬未见来信为念，日夜悬悬。及十一至沪，十二日晤蒲伯英，闻其言此二月为成城学校试验功课之时，分科考验，甚为忙碌，学生不能通信于外，即有来信亦例不送入等语，以为此或吾儿久无信之实情也。然父于十三接印，连日棼冗之状，几无寸晷之暇逸。而一至人静夜深，则又念念于吾儿，而若有一物焉梗于胸中，遂甚不自怡者，盖合前后计之已一月无音问也。正月十五寄去之六十元（合日币六十四元）已否收到？既无回条，而前次所云感受风寒，已否全愈？尤父心所惴惴者也。如尚未发函，亟以一明信片寄我，亦所甚快也。

父接印后本住王年伯签押房中，连日则其家眷陆续回芜湖，仅留一如君，亦迁住东院书房，四间内上房悉皆让出，即命打扫，略为裱糊。昨令胡某、刘凯、赵升赴南汇迎取眷口，大约明后日可以到此也。父到此后饮食起居一是如常，今早监斩两流氓，即在租界叠次抢夺之犯，或者可望震慑胥小。其乡间抢米之辈已获六七人，均予惩处，迩日亦甚平静，可幸也。

磐若今日来信（十三始由此回苏），已奉臬札出省查案，并云得汝六兄信，新得一差，月有百金薪水，亦可敷衍，是亦可省父一番心也。琐琐以语汝，亦使吾儿放心之意。而父之望得儿信也，此时虽万金之价不足拟之，不知究以何故而不能即得也。

此间春寒甚剧，雨亦太多，不识日本天气何似？万万自珍是幸。

十六夕

父谕

第三十九号

侃儿知悉。

父于初十交卸南汇，十一到沪，十三即接印任事，忽忽已旬日矣。公冗万状，不待赘言，而悬念吾儿之心终未能释。十八、九日，家眷一同抵署。虽闻儿曾有明信片寄汝毅兄，亦终未出以呈我，令我耿耿不怡，言之悒悒。昨廿一日，徐怀之偕李继高诸君及廷杰来。闻由继高约同东游，而英士则一无凭藉（借），资斧毫无所出。我命招其入署，小住再酌。虽其中文颇畅，而东文东语毫未能通，即上海语言亦大为隔阂。以此出洋程度万不能合，不如暂行在署稍资历练，俟访有相当之学堂，先令研习数月，再筹东渡，未为不可，然恐亦非彼初心也。今交怀之表兄带去香肠一筒，计仅十一段，闻吾儿前曾索此物也。又正月十五，由恒泰汇去日币六十四元，究竟收到与否？至今尚未见回信，何也？家中尚有辣椒等件寄汝，则由升子与怀之辈面酌可也。

父安健无恙，终日忙忙，亦不以为苦。儿勿悬念，善自珍卫为要。

父字

二月廿三日

第四十号

侃儿知悉。

今廿四日为清明节，胥役循俗例放假，遂竟日未出，亦到任后第一清暇之日也。午间，设祭于寝，礼成而出。适得吾儿十七日来禀，不胜欣慰之至。盖父昨夕念吾儿之久无一信也，疑虑滋多，至于神眩。今见此，何异万金之获、奇珍异宝之集于吾前乎？然微暮年气血之弱、心气之不充，或不至有此舐犊之状，是又可自愧者也。

儿所论事均尚中肯。抢米之案附和者千百为群，自系乡愚无识为痞棍所煽。然痞徒狡滑（猾）得手，即已远飏，获案类多贫窭之子，刻方严缉，首要尚未即得，言之良为可恨。其留东学界波涛计可平息，儿以向学为志，专心所事，塞耳钳口，不以动其心，是父所大慰者也。

父精神如常，奔驰劳碌，均无所苦，不必悬念。家眷于十八、九两日悉行抵沪，均即入署，现已安顿整齐。惟王年伯如君移住书房一院中（东院也），其家人、征席之房未尽腾出，遂亦未尽安顿就绪。然父以十一至此即住签押房，十三接印亦事事顺手。此非寻常前后任所能得，非王年伯与我交谊之厚无此便易也。

昨廿一日，徐怀之与其姑丈李季皋及李良弼、徐仲泉四人来云当东渡。及廿三日夜灯已上，忽见廷昺来此，我方退堂之顷，仅责以“无定心符”一语，及饭后则不复见。继乃知其随后赶来，即偕怀之等下船诣扶桑矣。四婶忽以远志待之，亦大可敬，闻携有百金以往，将习速成师范。以所闻论之，恐非前此之易耳。英士则父命留此，先就中国公学肄习数月，再定行止。以乡曲鄙僿之人言语不通、文字不识，遂贸贸然远适异国，窃惧其无实获故也。矧资斧无出，即公学亦尚不易，何论海外之行哉？欲其成材，不得不审彼程度。躐等之行，非所以爱之也。

惟父经济困难之状，非外人所知，亦非世交后进所谅。责望于我者，旬日中已纷至沓来，正未知何以了此，言之可慨。吾儿则不必以是分心，只以进德修业之及时为务，即所以慰乃父者。而起居饮食更当慎之又慎，是所至盼。父惟祝祖宗之佑汝，以无灾无害也。

二月廿四日三更谕

第四十一号

侃儿知悉。

前日见儿来信，父有“家书抵万金”之喜，已函示矣。儿能安平无恙，日起有功，父即大慰。

昨乃有邮政局送来挂号一条，谓必盖图章。往取，胡荣来言，十二少爷所寄矣，当以“我家门对少岷山”印章加盖，往取不交。今早又命赵德至虹口，仍不交，谓必有上海正堂之章乃付。午间相验回署（此间租界命案甚多，今日午前后连有两次），闻此大为诧异，特将家人申饬，不知若辈如何对付。申刻竟已取到，则张锣年函也。（儿有信，切勿挂号，以后日来挂号信，拟不往取。）阅之令我恚甚，其欲借钱，固不必说，乃自明其非无赖不肖之徒等语，此何言欤？而对我发之，恐非他人所能受，岂谓我耄而且愦，可以大为发泄乎？我之窘状千难万难，不能向人自述。

现值米价如是之贵，而南汇漕米尚有六千八百余石未买，藩司、粮道严札饬催，沪局汤太守指禀不留余地，以致急迫万分，而市价非六元七八角不可。我乃无分文可付，大有不了之势。自天明起，即奔驰四出，公事闹至三更不清。夜间即以银钱焦心，无可谋之路，徒自嗟叹。似此情状，岂有余力济人者乎？况子政东游，以至奔丧回蜀，我已尝效棉（绵）薄矣，渠兄弟宁不知之？其毅然东渡，讵不自行划算而乃责望于我，若此是何为者？即索欠亦尚不应出此言，无论告贷也。儿之学费，父尚不能使汝充裕，隔两月寄数十元亦颇不易。騧在津衣服俱入典库，我尚不能顾之。使我骛博济之名，则汝六嫂亦当怨怼也，何不谅人只而至于此极乎？父于为难事，不欲吾儿知，惧儿之分心也。今见张函，令我愤懑不堪，故率臆言之。又如英士决意东游，我尚止之，但令入公学，正以力不能济故也。英士何尝快意，其如势有不能何？凡人一言一行，先须自计，亦当为人计。若自己不自揣而妄以责人，如俗所云“意想情愿”者。我所不取，亦不愿儿之与作缘也。

十三在稚龄，近日颇见其佳，因移入书房，欲独住一室，不能遂意，甚忧且哭。子峨为言请将三舅为汝安置云云，则亟止哭，告以不可使吾父知，致或生气等语。我闻之，深喜此儿之有识也。其读书甚勤奋，文字亦有心思，与吾儿之能砥行向学，皆为父所深喜。烦劳之余，念汝兄弟之有志向上辄引以为快焉。故心心念念于汝两人有笃爱之隐，非偏私也。儿尚益自奋勉以求进功，而尤以慎起居、谨寒燠，使身强体壮以大慰乃父之心，则父虽穷困疲劳，固亦有至乐存焉矣。

前月晦赴苏一行，初一午间即出省，往来皆附火车，谒见各上峰，皆甚荷青眼，不免奖许过当，令我惭悚。（抚、藩、学、臬皆奖许过情，臬朱公为言：部中新章，外官保送御史。苏省惟我为最宜，而荣心庄言李某负累甚重，不可令作京官，若深为我惜者。）然此间自冬入春，流氓横行，城内亦频频抢夺，盗案月必数见，租界亦然，至有枪毙中西捕之案。

二月初，抢米风潮大起，邑境至五案之多。而自我十三接印后顿皆平息，流氓既皆敛手。廿四出一劫案，旋即破获，固不敢居为己功，而上官与士民则咸过加推许，亦可谓侥幸矣。南汇以沿海抢船为大患，（每出事，船户必借洋人要索，拖累甚多，索赔甚剧，贻害良民，而正犯又不易获，屡为夺犯等等。）至定章月须结报有无，乃我在任二年，绝无一案。此月初竟连抢两船，情节颇重。（方孝充束手无策，几于不能敷衍。初六日，王年伯往接印，方即时回省矣。）彼间人士亦遂思念不置，推为我功，而实则我何能也，言之自笑。

此署房屋甚整且多，远胜南也，并以为儿慰。

三月七日灯下

第四十二号

侃儿知悉。

昨十三日接到初八来函，阅悉一切。初六之日，吾儿已迁居二阶四号自习室，寝室则在七号，均系楼居，颇为慰幸。以贴地而眠，虽有地板，终恐易受潮湿，久为吾儿悬虑也。

寝室既有九人，须以礼以敬相接，不为戏谑，始合交道。少年动肆调笑轻薄之态，为有识所羞。果以志士豪杰自待，此等处正不可同乎流俗，况朋友间出于相谑，必有相轻之心先伏其中。既轻之矣，而望得其观摩之益与生死不相背负之义，得乎？若敬重其人而出以侮弄调谑，必无是理。以是权之，人我之间之为轻为重亦可知也。舍平仲久敬之方，万万非善交之道，吾儿其静审之。学费将匮，今命以洋百元交恒泰转寄，合日币若干，则非父所知也。

父到任已逾一月，自觉未能整理一事。而日日奔忙，尝鲜清暇，终以伺应供张为苦，民事转以余力应之，言之惭汗。所幸者，盗案之多、流氓之横，均较二月初以前为安静。租界或尚有拆梢之事，亦视春首为稀。而报纸所传亦多不实，往往以疑似之故张大其词，即如节次相验无伤而妄谓有伤，自缢而妄指为威逼之类。以我目睹者言之，其虚妄已不胜指数矣，然固在不足论列之数，奚问焉？

昺自去夏回川，得其中路患病之信，令我引为大忧，寝馈不安者逾月。乃到家后，竟为悖谬之行，独移处城外寺庙中，而来信有愿遗臭万年之语，亦似甘心作恶也者。我严训饬之，曾无一字引过之函，其心目中尚知父为何如人哉？月前忽然一见，我亟欲痛责之，转念姑待一二日。不图其已翩然东渡，亦不使我预闻。違言禀命，似此行事居心，目无尊长，为我少年时所未见未闻，使外人知为李某胞弟之子，则我将无地自容矣。其所习之业，又奚用过问哉？

父之窘状，儿或不尽知，父亦不愿尔知。惟学费万无充余，必克数见寄，汝自撙节用度，无事妄费，致习于浮靡，而昧俭啬之道，非礼之宜也，慎之慎之。

春暖矣，一切当适，百凡自重。

父谕

三月十四日

第四十三号

侃儿知悉。

前日十三寄一函，并附百元送恒泰。柳荣归，始知仅合日币百四元而已，与春正之六十元所加恰同云，系日币近又升价，或亦实情耶？然差池在数元上下固不足较，彼市商虽或占便宜，固其分也。吾儿能知撙节之理斯得矣，特未知果易达否耳。

咠入医院，倘专心致志，未尝不可以一伎之精为资生之计。今午一钟，沪城医学研究所落成开会，父往监视，主会之李平书诸人力请训词，而先未预备，只口陈大意，劝在会者虚心研究，求合中西医理而沟通之，期有实得，以觇实效。要在去自是之见，不泥古，不徇今，无骛虚名，冀可保全人命，即为岐黄家报效国民之义务云云。虽未中肯，亦可以为咠戒也。咠似诚笃而实拘滞，尚难语于一知半解而已。有自是之迹，其见理未明、行事未正，我时思痛斥之，而尚隐忍未发而已。不一禀命，遂贸贸然东渡矣。去夏启行回川后，我始查出七儿与十三所学做之答问多其捉刀，我初以为稚子颇有心知，故略奖许之。不意为渠所作，试问此种荒谬之举，忍心为之欺我乎，欺十三辈乎？岂将如乡塾蒙师诳谝东家，为诱取豆豉粑之意乎？即此一节，可谓胡涂已极，该打该骂。彼有天良，反而思之，何以对伯父乎？故其遽尔远游，深恐背理妄为贻吾家诟病。儿宜时加规戒，庶可维持而保护之也。然咠儿也倘善言不受，汝不必为之隐讳，尽可明以告我，毋事偏护，致有不了之一日，慎之慎之。

十三今年甚知发愤，每日早起早睡，以书为亟，作为文字大有理路。俞先生亦教之以正，善诱循循，似乎甚见长进。其身体亦较充实，日见顽健，食量亦增，父颇以为喜。老读董仲舒、贾谊文，字字清晰，记性甚好，口齿甚清。灯前书声令我怡悦，此则父所甚喜者也。（十五夜写至此。）

此间公事之繁，视南汇殆十倍。盗贼、流氓自去秋冬而益炽，人皆以停止刑讯之故。若曹益无忌惮而来，阅案牍中似乎有此明谕，以后汪任皆仰体德意，力崇宽大。虽白昼抢夺，剸刃于事主之腹者幸其未死，亦仅以羁改过局一二年处之。少谷更主慈祥，即凶恶昭著之徒，亦不深究，致恶焰益增。而外人遂以纵匪相訾，于例应归县讯办之人亦不肯交出，官中主权隐失而不之知，可慨也。自我莅任所，治恶棍皆予严责，不一轻纵，近始陆续送来。

各领事颇交相啧于汝之勤学守正，不肯妄交，不轻外出云云。并言有相识者，有并未与儿一识面者，而皆极推许焉。以为名誉之重如此，父闻之亦甚惬意。儿果能力持初志，以圣贤豪杰自期，学必精邃，识必宏通，行必正大光明，而言亦不至妄发，则实至而名自归焉。今闻广誉之施身，又何至文绣之，是愿其为荣多矣。望时时提醒此心，振厉此身，以希初终不自愧负，是为至要。

父无恙，勿念，一切慎自爱重为望。

三月十九辰刻

父手谕

第四十四号

侃儿知悉。

昨日邮局送来照片一帙，为吾儿与曾、吴二君同照者。观汝神气，似乎较去时为丰腴，亦更长大，为之一慰。吾儿自东渡后于文理、识见、气体俱觉有发达之象。今午得苍一来信，言儿数有去函，议论俱甚精卓以示，同人咸相推许等语，而因以为父乐育后进所获之报，父亦可谓生色矣。然期望之日，尚不止此。愿吾儿学益精、识益宏、行益严，而俱以步步踏实为进境，不堕虚浮苟且之习，庶为圣贤豪杰而无难，是在自勉而已。然有一事却未长进，则作字是也。此固士人余伎，即擅王、虞、欧、赵之长，不足言实用，父何必以此苛求？抑思良工不示人以朴，大程子作字甚敬，曰非欲字好即此是学，学之云者所业必求其精也。儿笔姿颇佳，而此两年来乃大与苍一相仿，似乎草率竟成习惯，盍以余暇习之，以求匀整坚凝乎？汝六兄无一长，惟字体颇胜人，亦不涉苟且。我窃喜之，故以为儿勖也。

廿二午后，朱经田中丞到沪，次日晚上安平轮船北行。我于谒见时以騄为请，乞其挈以赴吉教诲而约束之，俾稍资历练。经公虽不我却，而云到津再酌，殆亦必听命于项城者。然始以其出所为和筱帅七律一章见示，即为次韵作四首以送之，中亦及此意。并附二笺详叙騄所优绌之事，末言既非祁奚之举子敢云内不避亲，亦非福畤之誉。儿自信中无私曲云云，未知其果见谅否也？父意惧騄无所事事，不免颓废自安，不能振奋，故望此公以年家子之谊曲予培成，非欲为升官发财地也。成否则终有定分，又岂可幸冀哉？

道宪瑞公任事最猛，心地亦光明，外交颇有胆识，公堂案持执甚正，绝不游移，侃侃直陈，无所避忌。惜上游不能坚定，而外部尤缪不可言，正不识终能就范否也。岑帅内用，大有屈轶指佞之风，去闲人如扫落叶，大自可敬。倘入枢府，必足弹服百邪，特群小必力捍之，虽其得慈眷最优，恐亦终于见挤耳。

儿百凡自珍。

三月廿五夕

父字

第四十五号

侃儿知悉。

初二日见寄十三一函，中言读《牵牛章》各语，似能领会书旨文法之谈。知吾儿于是章颇有心得，为之歆慰者久之。圣贤论王政只是踏实办法，农商畜牧诸要皆在其中，足见古今治理不外“教养”两字。能以孔孟之教为依，尧舜汤文固同此盛轨，即泰西各国文明之治亦何尝不同此规为哉？然必通而观之，以求其当，不可背亦不可泥，观善推其所为而已矣。一句即一“善”字，已足赅新旧学家之长。故我常谓四书五经为做人做事根柢，非顽固之见也。吾儿警十三之语均甚切当，父又为之讲说，亦颇有感动意。近来颇知看正经书，我亦纵令浏览，不为拘限。前日见其向子峨索《茶香室余话》等编，总较《说岳》之类为有益。询之，亦称懂其文理、喜其新异，是亦其进步之一线也。因并以告汝，当亦快慰。

月前，父携十三至大马路宝记，照有便服相片三张，不日胡葆森太史东渡，当酌寄一二也。葆森挈眷而出，顾巨六由火车迎之于汉，附轮至此，其舅甥皆数得晤。昨招其一饭，今日又过之久谈。闻其眷口先由巨六接往京师，葆森自行东驶补课，卒业即回京供职云。其议论识见皆高于巨六，无偏激，无依违，将来任事必卓有建树。言及其家君之溺，犹不免痛心，谓乃郎与吾儿甚洽，亦深许吾儿之有持执也。儿幸勉之，无负长者勖望为见。

此间盗风之炽，原于穷民之多，而亦租界可作逋逃薮之故，遂以滋甚。报界横议多偏，近日乃知一二。劣胥蠹役竟为其访事，往往颠倒是非，以便其肆螫之计。我既知之，断不能徇毁誉而易方针也。

昺识未明、性未定，须善规之。前函所斥其谬处，若能自知其非，或可冀变化。曾来两禀，父皆未答，正欲徐观其后也。汝于昺为弟，自不宜昧恭兄之礼。

起居善自慎为望。

初四夕

父谕

第四十六号

侃儿知悉。

前日去一函，言将以相片托胡葆森太史带往。近三四日以事冗未及往访，亦未见胡、顾之来，殆已东渡耶？今晨起甚早，遂写此函，并片封寄，想亦易达也。（初欲附邮，午后乃拟交顾、丁二君带往。）

父精神尚好，近以日日劳顿，夜睡反甚酣，故天明即醒。每日一粥两饭，尚点心二次，饮食亦强，此皆可为吾儿告慰者。其官中事之繁劳，原不必论。（今日道台在洋务局请广州将军景东甫诸人，我亦与陪，故归已更后云。）所最搅心者，书差之恶，远出所历各县之上，其鱼肉乡民有特别手段，令人防不胜防。到此已严惩一二劣役，而其伎俩犹不肯少戢，竟敢串嗾上控为必遂其计之方，妙在上游亦遂准之。以“众民百姓”四字为原告，而亦遂札县提讯，真可谓奇谈矣。大约升官发财之大人先生，其屡得明保至邀拔擢所为始如合一辙乎？春帅行之于前，戚守应之于后，殆藉邀能通民隐之美名，而遂不问例与弊之如何耳，言之一慨。

吾儿前信似能读《牵牛章》，颇有领会，我心深为之喜。即以文论，奇峰突出，令人应接不暇，龙跳虎卧，不足以方其灵活，洵为百读不厌之书。儿以为大辩才诚亦为左国所不及，非虚语也。熟乎此，则思想与文笔均必有进步，幸自勉之。

近日朝局见于报纸者，可为气结，正恐变态有不堪言者在耳。然吾人惟当力求在己，惟我所任之责，期于尽心力以图之，总以“躬自厚而薄责于人”一句为准。即为天下忧，乃志士不能自己之道，然忧复何益？少陵所谓“安危大臣在，不必泪长流”者，不过聊以自宽耳，岂真谓大臣之能转危为安哉？今古一邱之貉，大都如此，不足问也。若观念过形愤激，恐遂堕入恶道，志学之士岂可不为远祸之图？父所以谆谆命吾儿慎交，意正有在激刺之际，贤者或不免误其方针，听言观行，亟须于此注意也。

迩来内地风潮数见，而公牍密札亦复不少，多可骇叹。士生斯世非步步踏实、事事克己，无以自全，儿其慎之。同乡王君南坡、丁君来沪已六七日，与子峨均素识。其决计东渡留学，闻定十一日开轮。因草此一函，以父近日照片寄汝，然此信似七八次乃完，可笑。（二君同邑友也，托之当易达。缔交不可拒，而不应忽。起居慎之。）

四月八日三更写毕

第四十七号

侃儿知悉。

日前见寄猷明信片，知汝一是安好为慰。刻下天气渐热，转瞬即将放暑假，未知准在何日？吾儿在暑假中即可内渡，在署内歇夏。虽无山水林泉之乐及海滨澡浴之趣，而经年离别，仅藉此为父子兄弟团聚之期，天伦乐事亦未可恝置也。矧浴海之险，尤为父所不敢放心。日前与胡葆森晤谈，见其话及乃郎凄然欲泪，不禁毛骨悚然。以吾儿与胡氏子夙相契好，使去夏未归，安知不同游耶？近与村山节南谈及此事，据言非习之有素，由内港浅沼试练，确有把握，不能贸然入海。以海水性质既殊，又常有意外之冲突，断断不宜视为儿戏。节南二子由八九岁即能游泳，今年乃出海滨，为寄相片来，甚以为喜。父因以知此事之不可尝试，故切切为吾儿戒也。儿之归也，旅费是否敷用？同行有几人偕来？望先期函告，以便布置房榻等等。

英士在公学，每星期亦来署晤谈。而族中尚有廷对者，亦冒昧南下，亦寄迹于此，皆不识外面之艰难，而误疑做官之即蔗境故也。馨儿前日来一函，言七爷至云锦场晤一魏姓学生，访以同里在东少年孰为砥行砺学之士，魏则举吾儿以对，固未知吾家与高氏为姻媾者也。七爷以为喜，用以告馨。馨即以慰我，诚属甚快，然不上达即下达，不君子即小人。消息甚微，机关甚捷。

前贤至以“不为圣贤，即为禽兽”之语，以自儆惕，此非过言也。人果有志向上，非刻刻持忧勤惕厉之心，则操持必不能固。即不免易于堕落，理欲之介为舜跖之分。孔孟书中所以示人圭臬者，最为警切，甚未可忽之而忘之也。然空言心学，亦是一病，要在日用行习一言一动间，自己检点作事之宜安详、交友之宜审择，皆所以葆吾初心也。若中无主宰而讯讯，如不系之舟，以为任天而动，必至知诱物化，流落于不自知之顷而已，成为下流，亦终为小人之归，而为君子所弃也。惟此种理论，新学家必非笑之。父望吾儿常以内勘，而不必形诸齿颊。自家要做圣贤豪杰，则非是无立脚之基。而名誉之所关，更不必论也。儿幸时时念之无忽。

官事繁难倍于南汇。父自审似尚不足以困我，亦遂少丛脞之时。做一日尽一日心，不敢谓有绩可纪，但求无悖理之行，免负大疚，则夜间便可安寝。两月以来，初颇示用猛之象，冀可慑彼顽梗之流，实则犹是宽猛交济之本旨而已。毁誉升沉，向本不入意念，惟时时存恐惧愧怍之心，视他人之得大名、膺厚实亦不之羡。上官过相推许，转用靦然，断不敢乘以为运动之计，此则父可告无惭德于儿辈者也，一笑。王筠老言：“作令三十年，非无知遇，而到老仍以一知县终，惟此可入墓志。”父为作志铭时，即为系之，恒念此意大可敬，我亦不当愧老友也。

汝六兄欲从朱经帅赴吉，我聊一言之。然朱过津门，六未得一见，必无望可知。不过，朱悉受成于项城，观于段之所发见，正亦非可羡可歆者，又安取此苟遇哉？

今晨未出，得暇书此，以示勖厉。起居一切，自慎为望。（昺有恒心否？专所业则可望小成，否则为之危也。）

四月十四日

父示

第四十八号

侃儿知悉。

今晨得一函，知汝无恙为慰。西林之出，人人惜之。而此老则一辞不得请，遂怡然就道。必知在内之无益，而又不忍违命故也，其顺逊处正大可敬。昨有电来沪，言五月初乘广利南下，倘中道晕船，则须假洋务局暂资憩息，嘱勿事铺张云云。

报纸所载广东乱事则已平息，趁此一星之火，移屈轶而远之，亦云巧矣，人言复奚惜者？儿既知其利用之意，只好付之一叹，不必介怀，而专以自厉其向学之志为主。日起有功，蒸蒸日上，于各种学问皆确有心得，足以自信，并足以见诸实验。优而游之，以渐臻于充裕之日，则他时得所藉手卓有自见之地，始为不负所学。而根本所在，则总当守定孔孟忠孝大义，不背不驰。日间一言一动，无忘“忠、信、笃、敬”四字。一切激烈议论，不惟不以出口，亦不宜以之入耳。明知无益而引以为恨，必致意气激昂，或遂丛毁召祸而不自知。父所深望吾儿勿忘我训者此也。旅行而至三千六百之众，意将何为？东望元菟，令人不寒而栗。

日昨洪立青自都下归，过此一饭，为言徐、唐诸公仍一门面帐（账），或非其心之所乐，或藉以飞升而已，非实有撑持担当之愿在也。观于所征召之一大单，其中固多明达之才、笃实之士，而佻薄诡滑者亦杂其中。就所知者言之，真有令人百思不得其解者。即经帅过此时，我与言彼都情势，皆格格乎不相入。而乃一夕之间，戏馆、麻将、酒局竟有“乐莫乐兮”之象。去后始知密来叩送诸人早为铺排预备以娱之，而绸缎、马车等等亦皆来者不拒。转以护照不及签字，责我设法奔驰，费力为之办妥，宜乎？送其上船时，并一见而不得，则我固茫乎不识。所谓馈赆，犹以君子待之之非识窍者故也。以是騶虽面托，到津不予一见，卒未挈之以行，遂不以为恨而以为幸焉。嗟乎，外人急起直追，惟恐失时，我不独泄泄沓沓如故，且因以为富贵利达之途而甘为垢秽污腥之府，欲期补救，能乎哉？立青又言，赵之督奉也，风尚天异，从前选舞征歌，通国若狂，一条子须十五金，为津沪所未有。故花丛利薮为各处第一候补道，月得三百金之差薪而不敷酬应，其情亦可知矣。丧心至此，而朘削百姓之脂膏则惟恐取之不尽，何为乎？平原之肉真不足食也。父方以无事激昂为儿戒，而又及此者，亦以见闻所至，疾首痛心，不能不一吐耳。在上者如是，而在下者乃又甚焉。观于近日苏城学界与警政之冲突，令人齿冷。彼断断其论议者，果真是非乎哉？为之三叹。

顷间，南汇学董朱子灏兄（祥绂）来，知其与徐耐冰君偕行，定廿八日附轮东渡，将在日本调查学堂管理等法，大约以三个月为期。子灏素知吾儿在成城，到后或将走访。此二君皆南邑最热心教育之士，操守行谊亦俱不苟，父夙重之，庸俗訾议固不能浼其真也。春花大熟，蚕事尤丰，可为三吴庆幸。乃米价犹日见其昂，又当禁烟届限，民情不靖，令人以多故为忧。幸固清健也，儿尚珍重。（前来信言李君霖等失赃，已一再比追。虽获一扒手，供出二人，然皆长江青插手，已他逃矣，缉尚未得。茶房实无辜，李叶之行路可为殷鉴，太不知慎也。）

四月廿六日

第四十九号

侃儿知悉。

似又数日未见吾儿来信，颇以为念。然心中自信儿之无恙，则亦甚放心也。昨三十日由天顺祥号送来陈春涵一函，乃四月八日所发，并附到渝平银伍百两，合为上海豆规平银五佰念五两，嘱以转寄其弟季岷、元畅者。父久未寄季岷兄弟书，日夕繁劳，并其所寓处而亦忘之，故未及专函以达，兹特命吾儿转告季岷表兄，问其应从何处汇往，即来一函，自当照汇也。恒泰虽可托，不识为数稍巨是否可靠，似乎西帮及正金银行为妥，然总视季岷信到再交可也。

近三日天气骤热，几不可耐。昨始一浴，快不可言。今辰，由笙行李始移来，即下榻签押房西面后一间，固父特为吾儿预备暑假归憩之室也。竟日得以畅谈，我心十分清快。汪颉荀观察以昨莅沪，即当开办闸北警察，亦于早间一往见之。本系至交昆季，办理或当合手也。

惟刻近五月十二，为本埠示禁烟馆半年满限之期。谣言频兴，官绅动色相戒。因我曾有一函谓十二之限与省中辈具有天良，万不至遂行暴动。所虑者十二期限甫过，各段巡士与侈言维新之辈与各路流氓，见有未收净之烟灯，或持正论而事苛求，或逞私心而图索诈。恐不免扭拿解官，请为讯惩，其时将严惩之乎？彼小民若问臬台告示、督抚奏疏应否作准，我将何以应之？黠者或问上海是否江苏统辖之区，何以臬示不为分别言明而皆以六月为限？则官又何词以对也。况乎万一闹成事故，必当详办，上游即可斥为不遵奏案，先期扰民。牧令通饬以六月底截止者两歧，有将来或请展限以归一律等语。此本由父手缮之信，既未起稿，亦未存稿，又无一人得见，缮后即手封专丁呈送。不知何以报馆得以刊入？中有“学界多主激烈”一语，于是《时报》遂大肆讥评，《新闻报》则曲为原谅，所敷陈之理想不特毁者未当，即誉者亦隔膜无一中肯之语。盖我之意则以禁烟一事，去冬由升任臬宪朱专札通饬，并刊有告示颁下，言奉督抚会奏，以三十三年正月初一日起，限于半年，将各州县城乡市镇以至乡村烟馆均令一律关闭，截至六月底为期，不准限外再行开设，违必发封提究。煌煌宪示，遍处张贴，士民固久已知之，独上海工程局绅董乃以本道出示之日起算，扣至五月十二为满半年之期以为定断。目前纷纷议决即当实行，以致烟户啧有烦言，观察亦恐暴动，亟筹防备。又议收买烟枪、烟灯等物，其烟馆之伙亦议令投入习艺公所安插以示体恤。种种布置，均经示谕有案，诚可谓周至矣。

以父所见言之，此岂能当此重？咎在道宪劫于众论，未暇深思，不知一省之内办理两歧，实多窒碍。彼时上官责问、下民怨咨，转有不能自圆其说之苦。所谓“愈早愈妙”四字，恐不能作挡箭牌也。而乃徒执，恐贻外人耻笑之言。（上海城厢烟灯即禁绝，租界可决其必不肯禁。彼先论此事时，固曰内地一律禁净云云。夫曰内地，固括二十二行省言之，不知大人先生何以如此鹘突？观于天津租界之终不肯禁，亦可知也。近日法租界到处添筑新房，招来烟馆。诚哉，为丛驱爵乎？）不通盘计算，冒昧行之，转集失于我，谓我为怯，谓我所言为烟室中人语。彼《时报》馆中多浮薄少年，恶我之禁刘海也，藉以为报复，肆口诋諆，原不必论。乃官也，绅也，学界、商界也，而皆懵懵然不加深考，亦以为言。前人谓办事人多晓事难，我于此有深慨焉。矧頡荀此次过宁，午帅即有“瑞莘儒事事抗我命令，有意反对”之语，则此事亦将贻以口实，不见金陵新颁督示，仍六月底为限耶？父之负谤，原视若曹为无知之辈，何劳与辨而详哉？如吾儿言者，欲汝遇事当通筹，始无失也。彼意气自矜，与人云亦云之徒则尽可一笑置之。恐虽与言之，亦终于鹘突也。

东国暑假准于何日？吾儿何时言归？念念。天热宜少出门，饮食起居加慎为望。父甚安健。

五月初一日灯下

第五十号

侃儿知悉。

潘由笙自京进士馆毕业考验后，引见列最优等，得有奖叙，仍由学部派往东洋。闻系六年，而与选者只四人，陆棣威亦在其中。节前由笙来此小住数日，以今午后火车回苏矣。闻其同派之友约定六月底东渡，意将入西京大学云云。渠甚思与吾儿一晤，访问成城。暑假系在何日？吾儿何日内渡？以便其来相访。而此节则父已函询，至今未见声复，方甚以为念者也。又，陈季岷表兄处有伊兄春涵汇来五百金在此，前日去信命吾儿告之，询明从何处汇交为妥，不知信果已达否也？

自北洋查获大批军火后，侦伺革命党之文札络绎不绝。前日有凌汉骞字星槎者携有南洋密札来此，指拿孙党中之黄某云云，并有札县一件带来。顷来言已访得，而其地乃在宝山境，只好派差为之带路而已。凌亦系日本卒业学生，方充侦探队长。其出示所拿之相片，则皆东装，足见此辈擩染非人，遂流为恶道，可恨亦自可惜，然安知非始于不慎交之所致耶？父谆谆以教吾儿者，曰谨言慎行，厉学择友，不忘孔孟之训，不背忠孝之经，则远嫌远祸之道均在其中，千万勿视同河汉为幸。

騳在津仍无一事，以米珠薪桂为忧。朱经田则并一见而不能，亦幸其知，几不辱大抵得志。巨公皆别有所专注之一道，断不以五伦中人为念，乃与所谓“新”之一字有合耳。以近所闻而言，真有不堪之极。好家居，纤儿必撞坏之，晋人所忧，殆又将见矣。

暑雨，诸宜慎卫。

初七日谕

第五十一号

侃儿览悉。

此函托伯子及周庭绍二君带东面交。以陈季岷表兄家中汇来五百金，现托陈润夫兄经手换到日本正金银行汇票日币七百六十五元零三角，其详在陈信中一览便悉。因银行必须写出主名，润翁故写吾儿名在其上（柳荣往告知，该仆亦只知汝在家之名耳）。父虑或不接头，特将吾儿名戳寻出，印名片三纸附去，以备支取即可。告知季岷，其来信已收到，容当另复，然此款收后，务嘱其答我一函，以慰悬系也。切嘱切嘱。

十二日谕

吾儿前日来禀言须洋百元，今以钞票十纸寄去，每张十元，适符百番之数。此款乃磐若兄命乃郎伯子还来者，赖有此数始足以应急。盖帐（账）房以筹垫奏销后又有未缴之米，目下二万五千之应缴入藩库一项即已届期（前出限状五月底缴），正十分为难也。此状吾儿可略知之，儿之不滥费，父所深悉。以相告者，亦一丝一粟当思来处不易之意，志之志之。到后先以复我，其陈季岷表兄一款应速交往（或函告之，俾季岷走取亦可），勿延为要。切切。

父又谕

十二日灯初

再，此次禁设烟灯一事，以五月十二届限，而与督抚通饬以六月底禁绝之限不合，非不知愈早愈妙，而办理两歧，人易藉（借）口。父委曲调停其间，而报馆乃以为訾议，实由一般年少皆刘海头借以为报复也，只好一笑置之。当四五月之交，流言纷起，谓烟馆会议抵抗势甚汹汹，道辕至以之下札，经父访查，类皆侦事者之张大其词，为攘功计，故仍以静镇出之。再四出示晓谕，并随时随地开导，为明其利害得失之数，各烟户皆已晓然。先已查明，书役所开限令停歇加以奖劝，于是闻风兴起，均于限前闭歇。父于初十、十一两日周历城厢内外察视，则一体净尽矣，故又出朱谕，以嘉许而防制之。今日届限之期，午前后两次出巡，甚形安静，可为色喜。英人爱汾师于张园设会庆贺，学界、商界咸集。父已前往一视，则铺张颇壮观。且当演出及变戏法，故人犹未集，大约须六点钟。遂请洪希甫代表留彼，不复再去也。

烟馆既断，设膏店一事亦必严示范围，不宜多设。乃省局发来捐照一千张，而又漫无章程，恐与禁限之意相刺谬。是以由父草定四条，密请本道札行下县以便办理，各报必将刊入也。此事朱经田在苏轻于一发，因若辈浮动，又从而曲徇之，致多扞格。上海独如此顺手，闻各领事面谈时皆甚推重，且许于八月节前当一体禁绝，共除此害，则诚吾中国大幸事也。顺笔示及，当亦欣慰。

第五十二号

侃儿知悉。

前日写一函交磐若冢君李伯子（景）带往，系附去钞票百元。又陈季岷汇款，写就正金银行汇票柒百余元一纸。昨闻伯子与其戚周庭绍（泸人）尚未动身，方候船也。今午出城相验归，知伯子来署，言钞票带日，恐不可用，复由柳荣以之买换日币，合一百零伍元五角，仍交伯子带往。而伯子又借用洋十元，言至东京付之吾儿之手，特并以告知。

近接季岷函，言廷昺在医学堂颇知自奋。东西语言文字皆未之习，恐不免隔阂不通。自非专心静气以求之，如何有益，断断不可玩时愒日，以至自误。所处之境，必自知之，不待我为提撕，乃能警惕也。吾儿何时可以归来，望先函达。行时无论在车、在船，总须慎重，不宜涉险，亦不宜着急，是所切嘱也。烟馆届限，居然一律禁绝，而各局员偏有意见功，拿人封房，以为迎合之计，真不知体恤民隐者，为之气闷无似，现拟三两日间当赴金陵一行也。特并以告，即望自珍。

父谕

五月十五日

第五十三号

侃儿知悉。

李伯子、周庭绍之东渡也，以日币百零五元五角寄汝。嗣闻汝兄言伯子以购物不足挪用十元云，到日再筹措还汝（如不及，不必催收）。又陈春涵表兄为乃弟季岷、元畅汇来渝平五百金，托由天顺祥向正金银行写一兑票，合日币七百数十余元，已于前函详之。计伯子到后，必立行交到。吾儿于季岷兄弟一款宜速为转交，以免悬望。并为言父之未及裁答其来书者，正以棼冗太甚、心绪不宁也。

季岷闻汝言我有保送御史之说，极力赞成。不知此乃升任臬宪朱经帅言以部章，论苏省惟我最合格，故常与筱帅言之。而常镇道荣心庄知我困于亏累，势不能作京官，故止之。即上游亦咸以为然，不复与选，是此事只空言耳。父亦断不敢望，使果保送，一经行取，则交代万不能了结，转有羝羊触藩之象，固亦计之审矣。季岷不知底细而为怂恿之言，特微特父之才识不足当言责之任，其如力亦为官亏所限，断断不行。何前于晦若为我言，高九爷经锡清帅保送御史似乎渠有确信，而九爷来函无之？即七爷自台垣谒假归，亦不乐再出，亦可异也。然感愤时局，甘作隐沦，正自可敬，即父亦深以不得引退为恨，咨嗟太息，实有不能自已者。不过生不逢辰，睹此现象，诚为可恸。而伦常大义、忠孝大经，万万不能或悖。

近日，少年动逐奇邪举动，则又谬之甚者也。今晨，南洋侦事长凌星槎（汉骞）在城内扭送一人来，日装也，身高而初留须，看其面貌，不似学问中人，其小名片则为"叶仰高，字景山，浙江景宁"数字。最可诧者，当侦队扭拿时，乃自从身畔取出数字揉以为团，向其口内强塞横嚼。经凌等挖出，致牙间出血，纸则未尽毁也。凌以呈阅，则皆七言绝句为多，有"不灭胡清誓不还"等句，悖逆一至于此。审其后书有"钞此以示景佩之意"云云，则诗非其所作可知。以此而言，可谓蠢极昏极。父尝谓中国人毫无程度，即作贼亦无作贼资格、作贼本领，观此乃觉我言之非妄。如叶者，固不足道，彼为之煽诱者之毫无意识，亦可想也。闻其来共七八人，住三马路客栈中。今朝乃一张某放水引之入城而获者，张亦当场并拿，分予收押。今晚即当押送金陵，盖凌等将以见功也。此辈之糊涂谬妄良不足道，而少年之于交游益当慎而又慎，凡奇异文字尤不可喜而存之，自以取祸，出门者正不可不知也。暑假以何日归，父颇有倚闾之盼。天暑，百凡自珍，子安、季岷均问。

五月廿一日

父字

第五十四号

侃儿知悉。

到苏寓何所？当归矣。昨见汝案屉有日本寄来包湿气药末之纸，是否药已寄到？现存何处？我近日脚下湿毒大发，亟需此药一治，待看如何？今遣蔡庆送学台处稟件入苏，并以告汝，可归则即回也。

百凡自慎，并问磐若安好！

初六日

父之属望吾儿者，
在为圣贤、
为豪杰、
为救时之志士、
为顶天立地之奇男子。

父之屬望吾兒者
在為聖賢
為豪傑
為救時之志士
為頂天立地之奇男子

李超琼印存

倍儂

紫璈——慕陶（赴日留學期）

光緒卅二年——卅三年

1906——1907

图书在版编目（CIP）数据

李超琼家书 / 苏州工业园区档案管理中心编 ; 章新明，朱元吉校注. -- 上海 : 文汇出版社，2025. 2.
ISBN 978-7-5496-4446-9

Ⅰ. K827=49

中国国家版本馆CIP数据核字第2025MY2675号

李超琼家书

编　　者 / 苏州工业园区档案管理中心
校　　注 / 章新明　朱元吉
责任编辑 / 吴　斐
特约编辑 / 蔡时真
装帧设计 / 周　丹

出版发行 / 文匯出版社
　　　　　上海市威海路755号
　　　　　（邮政编码200041）
印刷装订 / 苏州市大元印务有限公司
版　　次 / 2025年2月第1版
印　　次 / 2025年2月第1次印刷
开　　本 / 787×1092　1/16
字　　数 / 105千
印　　张 / 18.25

ISBN 978-7-5496-4446-9
定　　价 / 69.00元

諭兒知悉今日廿八薄暮壽娃回署詢悉吾
兒於昨廿七早七點上春日丸郵船八點即
行起發船中客位雖擠二等艙已無席也
兒係移往貨艙船中司事人等所居亦
無堆積之貨也往頗見寬敞且有兩友為
兒熟人亦同移入當可免寂寞擠軋
之苦聞之為之一慰其聞買三等票僅
止六元似乎意在省錢不甚較心若
果如此計較不顧其身但知省錢非父

意也。以後不必過自刻苦為望，況所費
有限，何為也？
兒於去秋初次東行，未極灑落，此次何
以淒然淚下耶？迨其妻之回來詢知
在茶館時，猶見落淚，頃閱妻信亦言
其夜憔悴殊甚，是以為者雖於兒
吾兒天性篤篤，暑假還家依依膝下，
遂有不忍遠離之情，不能自禁，加以競
等先已說此，悽愴若或導之。此行乃
為求此學，為往將謂工達之事，為聖賢、
為真豪傑，為救時之英雄，立功成名之

倚父唯根於山父方能出以慰膝出以望
深者吾兒壯志之雄直豪氣之高何
至同兒女子之牽衣涕泣手不知何時
情狀反使父惻然難以為懷亦殊不解
自忍其老淚反而累了兒之行乃推行
也壯游也志氣向上將為乃父吐氣揚
眉者也以為至慷慨哉所以論吾兒
守身屬志四字語細為細釋萬萬自珍
衛以保其清健之身萬萬自奮發以遂
其遠大之志是即父所大慰亦合家所
同為歡喜願聞者也到後切勿戚戚
於心常有清明在躬志氣如神之概

則進德修業之始，及時奮矣，又方
鼓掌稱快，冀用題之
廿五之晚，蒼君有明信片至，詢洪行期并
託代購蘇州湖色之紗，又云已入宏君鄉
歸，為之策進勸，不免一笑。蒼君一往，計畢決同
相，雨亂思逐東來，不覺為壽擇乎，或稽由
此，成行其夢人見，我信計亦將至矣，不甚
我且為之攢眉
非。廿七又得一明信片，則劉君兆麟寄吾
兄者，言胡君先行以赴，陽曆八月廿九在大原
渡，水已作長夢矣云云。胡君雖死，我所知

此為悵悵者久之良可惜特此事我先
聞是行言嘗以誡汝事為暑假還省耳
若則汝亦安不以為畏聞子之戒言汝嘗以不
及洗海水澤為勸觀胡君之禍汝須切以
為大戒修身勿一誤足既係父命亦為友
悲從此作一大死危無輕嘗試攖之冒險蹈
危之事皆當揚起祇禮經言登高臨
深非為人子之禮子不念哉
兒之行也學費張用頗不優然二三月中
不至竭蹶父亦不使汝去履可不為謹也
儘可放心惟當專志勉學勿以父在中
事為憂之亦無益畢以為者父尚春此

自計天無絕人之路，實感感為耶？今兩月
拙將余稿撰之，推所作雜種條陳，疊疊極
處，識本屬可用，然所陳賠累及缴不敷解
情形，各縣已再三言之，況銀米出入及署用
三項，既列之表，一經比較，科然一爍者，何待
再說？我意則以表中所列，皆所謂例用也
卅年為親民之官，有字人之責，故常有例外
之用，拙豈以割愛人之目，故將向來辦事以
以有益無民生之故，皆由胸有寬待，拙為私心

於今既挪借皆窮蹙遂至束手無策家
計更諸大有妨礙等語詳哉言之矣盡閱
汝生平志行所在着此事既定自今以
駿學困難既極此心可以自諸天地鬼神上可對
祖宗而無愧變更以擊之之有此事安危
兒當以為一快事明之今日大風未必陰之
其猶未雨也事兼到東以服食起居
自珍重至囑至囑 父手書 六月廿八燈下

新花捐，乡民受惑，竟至滋事，十三之日大闹
县署，聚集六七百人之遍，我先一日携带告谕来之
名百名前往弹压，镇驻恳谕，以弭首帖耳，无
一敢轻妄动之人，访拿倡首结伙大帮指
名查等未能尽获，不能不有以惩之，然
可见吾民之毫无知识，欲求到立宪地步
难之甚难，亦不概也，谢自京回津，新有信来
扎张令顿首至津，未一千求，我甚以为乱愁复宗

若以窮困可耐敗名喪節之事必不可為源
有志士不忘在溝壑之氣骨乃可以做撐天柱
地之事功此亦治所當知也治平乘長源
時之以禮自肅以志氣自振世路一切人欲
不至芥蒂於中如芽蘖之由源歸掃除淨盡
乃不患其萌生故必以聖賢義理為基以
嚴師畏友為防衛庶幾心不外馳百邪遠
雖把握在我矣志之諸生自慎
肖岩書

留學

紫墩——慕陶（赴日留學期）

光緒卅二年——卅三年

侃兒閱悉昨十七甫發一函未幾即接初七
來字甚慰之因前信已去遂未追回想吾
兒見之又增一層憂也父於十四之日自朝暨
暮無一刻之暇中午暑熱去一夾衣暮又
甚凉而見寒四五日不及復添竟至感冒
夜中寒熱交作中秋不清快幸連服
桑菊飲兩劑得以解矣並至今日乃覺

復元可為衰微也明日尚擬行鄉為請說
立憲之意甚愚無識不能不有以曉之
頃草一請全譜改折之案尚欠半處未寄
昂平減不易再運出七十萬石民食
益更艱難不特官界不支而已故擬滙
東三省事人人能言之特今歲禍福利害
尤易判決當謂此機之當乘者也高尚翁

昨讀釋憲法意義一疏謂二字連綴成文
始於唐之陸贄我閱蔡中郎集附於和
熹鄧后謚議已有蠲正憲法六千餘事
之言是漢人已有之不始於唐也今日又見
伯諧所作太傅胡公碑亦有涉觀憲法一語
即蔡文已不止一見此可知文字一道之子
吾讀前輩謂著筆墨出門須檢點况人

吾耶既先致書蔚公，偶述以告，汝亦可參
他日之一鑑。校中補額尚遲遲，好在寄宿舍
久住慣，當仍樓居之。無求安，志士宜爾。吾
兒當以此自擾也，方寸中常活活潑潑，
有不使微塵障礙，太清氣象何洒洒，有
哉。蒼一行期定否？蓉森不悟，又念念為我致
唁。年慮懸懸，一切汝自養也可。

大人敬銜

保兒知悉：前月詳初七來字已復一信矣。此間自十三十四兩日夜間風勢甚烈，遂驟變冷象，十四通宵大雨，至翌始止。中秋之日我即呢袍絨褂而尤怯寒，感冒適一晝夜方愈，不知東國氣候何似。此次驟冷，人多出不意，受傷十三母子在仲培處中，十六亦俱病，殆為此也。吴姨至卧床不起，似藥亦不投，聞換請王中瑞

主方已聯見放昨辰獻忱往視尚無續信聞
凌玉齋有奔牛聲局之垂絲仲衡今日赴
蘇求其位置尚未知有成否不思自立為但欲
倚賴為生今人氣悶偶閱小說知日本詐論
之局亦多出人意表今人易墮彀中殊為
可慮然無解絕一貪字無苟得之心自不為名利
所動則若輩自無隙可乘斷無他虞又見美

人粧編中所紀日耳曼學校內之陷害同學
以圖奪其親暱之人計亦甚險甚毒以此見
世路險巇雖庠序中亦不可不兢兢之防也
兒一志嚮學必不外馳自無庸別生計較
然立志之道須如銅墻鐵壁之不能侵損
始能自固亦惟以義理為藩籬而已看之
百維珍重 吾陸 月廿二日諭

此卷事九公節錄信譯之藏誼清
之攜悉在吳縣處君亦尤奇視鏡已
故七公系之言待吳回也

今晨壽姪往來，知十三晚嗽漸愈，足慰心
應藥餅甜麻餅喫鍋粑飯，大有起機，蓋
六耕延王仲璜診治，較陳蓮舫爲穩也。昨
方似補瀉太早，外感未清，有閉賊於內之
勢，故兩藥而人遂昏沈，現已解，則或易愈
也。歉前日亦往滬，本當送之，但天晴而寒，
意可節衣服起居，慎重之。 廿三早

保兒知悉蒼一初八夜到此所下榻西軒昨
以汝寄十三之函知有德帝維歷合家相片共
蒼一尚寄之滬上未以携來肅通城中由此學堂發
起以今日慶賀立憲故循其明日將小我別
此又下鄉相驗尚少與鵬談之時即以歐美見識
路之議將到者後將及知之合此章師張羅證
杜德與開館集議明傍由此骨賴壽而來不免
深為之惜付諸成事不說而已吳姊之病忽死奄奄忽

函件

紫瓊——慕陶（赴日留學期）

光緒卅二年——卅三年

受相現在寒熱已愈，咳嗆仍不息，卧不能起，未已
在滬賠回已諾二次矣，旅者有無轉機也，鄒初
八來信，知去冬納一妾，可成樁否？女人云打中，我日未
時得生一子，父為命名洪冒，氣各肆招己鄰困宸
已枉不得已為籌百金寄了，仍誡以慎，自守分
無賠，我屋乃我不卿以敬，所告足下翁昨日歸正欲
赴肆，若日不及待，不知日是何用，言念及之，兩二不過刻
以一萬以交送了，不能由其自專也，前信一言汝已
遷入本校，益當振奮，敬慎為要。九月初十日 文字

侃兒知悉：蒼一以初八夜飯後至署，本
欲下夕即行，我初九當赴鄉相驗，初五
間又有廖姓之案，案之肇故，留其多住
一日，明日亦同至明倫堂一觀朱子瀞遺其
夜間往看影戲，則辭，未應，故夜間乃
得暇讀。我從帳房以十元贐之，向咸不欲
留此，又為給母之函。蒼一尚言同行張君
須與爲盤距，恐不足到家，故又從月費
內撥五十元濟之，而我此月須減少又減
將其度去亦可矣也。今晨八點半遂
附小輪川行，世閑尚須赴蘇，找錦復初

觀察體之伍伯父大人則必須擔當也
兒交以德帝合家歡照片之竟未帶來
我看其言動似未甚佳德其修業
何如則無從知之耳云明春仍擬東渡
已致函乃翁勸之特恐其家庭遷衛
實或不能免阻力亦甚可慮矣此次
因其來而增我之顧慮者甚夥將次
第爲汝告之吳姨之病寒熱既止惟
咳嗆未去昨夜亦幸不甚烈遂獲安
睡今早益形平穩或遂可保安全
亦良幸事知汝懸故以述及我則安健
如常可以告慰也

之一

蒼一打東西洋治理之完備極口稱之而尤以所見日本之整齊嚴肅為觀止因而痛恨太息於內地之腐敗遂為至我輩言唐虞以來之失且以孔孟之為聖人亦不得為完備若猶有歉于者此語見也我兩詰之彼亦言同人鬱慕東國由感情之心遂有追而欲去其革命一路之說而不知彼之受蠱已由此伏於將消息矣吾儕則以為當勉力求學以圖一己有所成就不必存是彼非此之以見東國之事事整齊不可徒觀表面

空為贊美評，就一事而考校，詳彼其辨法與所以至此程度之由。而又於內地相形見絀之故，參校而失得。細審此之腐敗從何而來，備我所假手，當其何改良。求欲以日國之規模，其中有無窒礙。此所可襲其形式，此所可蹈其內容。遇一事即以此法審度而圖維之，漸至確有所見，自不難見諸施行，可為不負。若徒頌他人功德，而於其功之所以成，德之所以樹，皆不之知，即我不及之由亦未細繹，量而嘅然曰：不如也，不如也。厥言貧人子偶入富家，能言目眩神迷，遂家

以其家之蒲團繩榻為恥，詡綺粗糲為羞。且咎其父母之不能致此，乃怨懟之。理乎？非理乎？苟以此見橫梗胸中，不外肆攘奪，所內毀室家，為無復人理之事。出詳為挾此見者，何以異於是？此種謬見，此當剷絕根株，不使有絲毫存之，此生打方可。廉儉可以進德，可以免禍，父深陸吾見之，勝讀若一卷。

早年發表於……

有所痛於婦女德學生武……

嚴飾……

蒼一先以改良鐵路公司議一冊寄來，我不敢謂其已於前途之言之矣。到此後而質以所見，則請諸人所云。我以此議非所深知，即類牆說。當不能謂之吹毛求瘢。

以瞰国未見。毛亦叹不動也。而所採办法文
無實在可行之策。陸書帳而行之。而統收
銀元之數。直是胡說。真將儕我川民。蹙蹙乃
言初未与聞。直已刻成，惟及知之。乃蒲張諸
君發起。鄧郎主筆。實皆未能了之。以彼此
傳述之言。因向以首列大名也何故。則亦云諸
君隨便列列對聞之者。汗下。東游諸君
予作事乃君見輕辭耶。因詢收覆聲韓之
則亦言出於而期已止。但亦一二卅年游戲為之。
果其然。何待遂之書。不亦可信。（多盗用）意列名者
國初湘中莊民之獄。列名校勘者多罹壽
禍及此南山集之獄。亦牽連不少。豈有

姓名可以任人借用，德不足觀，亦不足慮。若
我蒼一所言，寡則為庸儒輕率苟且徇
人之舉，不寡則為背欺面詐之論。無一
可取。願吾兄深以為戒，不可效之。出名一
層，無論如何，毋事之甚矣，不可去之意，又深
望吾兄之服膺勿二也。
蒼一言，渠已移入本校，故茲一函直寄（以前所云須查之）
原町成城學校，亦以渠字一條，依以為不
至誤也。昨見吾兄廿八、初二與得歷兩函，僅
云仍樓居，而未言入校，前二函則尚係由伏、 3

町歲以來，移入明矣。蒼一何恍惚乎？可謂無禮。兩遇有東京相片一函，至函為謀，已行亦無所封寄，以樹樹下上年見良貴後來矣。罷著三月旦坐談，未嘗不跂倚仲仲，亦絕未嘗謀。時當酷暑，未一鮮衣揮扇謀。服其有自強之能，加有堅忍之性情，為言笑不苟，論事井井有條，尤為精卓可敬。昨夜以澈蒼一札，謂良辛業便宜為偉獲之遇，以是知其自屬者疏矣。知我心殊殊有未慊，殊期以相告，願君見知所自鏡焉。又其一也。

又聞游學中有敗類竊物被獲之事，近復有之。其餘沈溺墮落奸詭欺騙之劣跡，更不勝僂數。（若言所述甚多而數之根）其退學改教者，則恬然不以為怪。雖號佳士，亦多有之。果爾，則擇交之難，其真不堪設想耶、吾兒以節次訓誡之言，銘諸肺腑，無稍忽略。聖賢豪傑，全視志行，必一失足，便為下流，豈可徇俗自陷。即忽東忽西，否則托折擇地，窮即不擇，其德之為何，折何二三不一而兩也，均不可識。兒當審以為戒，勿不我安論他人可也。

至汝之行也，学费尚非常拮据，刻下
计可支持至何时。我欲观月费用以
不寄我一函。目下困难都不堪言，偶一计
画，彻夜不能安寝。若况可支知，无费无学，子
能力为人撑住。近年世某辈询及子者，首
告之曰：从井救人，当须在井上，要我则先已
在井中也。其可能改此，亦吾见所常念
及者也。若辰一别後，万识玄集，故详以
语汝。不惯言之，迩难学此，皆只为汝箴
警。他日即以语诸儿一一，或亦观览之一道乎。
起居饮食加意无忽。学业当推书循
序求进，无欲速也。顺问 九月十日 父谕

九月十二日見時報有蘧縣吳仲懌徵求遺稿之刻 細閱一過不禁

泫然 吳筱村同年与我相識在癸酉之夏 筱村猶乃兄小廬（於癸酉拔貢）見話

於我所寓之桂王橋張宅 把臂歡笑至夜深乃別 蓋與二君固早以相依

至也（張生鄧紅藪今為劍州校官吳氏婿）次年在鄂遇沈尤齋 嗣後與吳君同樂甚 別嘗

有書相往還 記其在鄂 來函假某程時局賢我所詩謂非友人

所見我詩集 致歎羨之意 寄則多規諷之言 我心佩之 乃編竟

皆不可講矣 惟寄書劄在中 尚有二劄 乃丁酉冬在元（鄂）時所奉 今寄

吾兒將在觀巷 即在手邊 尚不能寄 乃轉以示 仲懌兄俾之一閱

或請鈔下 帶還即存諸冊 以其時來此書 多泫然之 事其詳實者

若年伯之教誨 所寄書中者也 庚子夏我葬事既畢 重到吳門 以

聞西吾之安 為之痛懷不釋 九月初親至杭州 遣謁其眷屬 所寓得晤其

太夫人及令郎尚未得見 借兄一晤 少穎小名和尚 今當五歲 現在何所

太夫人尚存否 年幾 家舊將生死之道可就 仲懌詳詢之 還以告我為要

陶俗

紫薇——蔡陶（赴日留学期）

光绪卅二年——卅三年

杭州吴氏庸中现有一滙君多　假公门人作合粤子特来迎

料者也不敢知家人辈何转为告资之数其处所又近言谏

栖隔阂便询知其柩存湖上僧寺右、我与由笙庵过虞俞楼家进来者

寺中掛号一物　吴氏固未知也后闻柩归者乃有審往宜昌之合

匹夫百过達并以详论为要

斋茂先生王雪澂俞同年均与　假村庄亲顾往之

前时来书云未详　此则详其未悉　王之余

再同邑人士議立懇親會以見情意交孚無間，從此且思為地方自治之謀，甚善甚善。惟作客海外，方以求學為目的，須先以勸學規過為主，首求有以砥礪名行，保全人格，而後講求公益，則所見不至有所蔽而失於偏，斯可免阿私爭競之患。其觀公舉提學使之請，是否立相斟酌，出於公議，果當協否乎？鄭蘅生本修咸

循我宗閣其才識之美也子義言家
淳來信頗有關事之心不願干預宗邑
中公務極南云養病足跡不入城市
備覽到學校印俯允派委之瀛士
威又力辭不出此豈不虛此一舉且恐
上游謂吾輩之輕率特不之信然
甚非宜此一層未知有計及否也
此一段十二日牘下所草以忽覺旺暈遂置之從黃泰屋
府未商過陳隆三兄此為我一函亦要今早已無事矣匆匆
憲法二字上公部疏中以為始見於陸贄
我禮蔡以邑所為和喜白星后謚議已有錯誤

憲法六千餘事以順漢民三月至期等語又胡公
碑中（中庸野明）亦有涉觀憲法契國之學詞是
謨人民有此二字連用之常張伯皓文中已有見
之不始於杜唐亦不僅宣公始用至也前於去年中
民權此告諸日來讀阮嗣宗籍蘇著通易論中
有后者何也成君定位據業脩制保教守法富
履治安者也數句因念近時自康梁輩倡言
保國保教保種云云固已士盛此言議之目睹明
通者又以為新名詞曾不知古人固有此類成語
意義本極精確特粗心者未之考耳易言
君子多少識前言往行以畜其德是亦未可
既忽之事雨中寂坐偶寫以相示亦宜默
識者也

朝廷宣布立宪，可谓千古难逢之盛典，乃实行犹有待者，以国民资格所差尚远，此无待讳饰之事也。此时官绅商民均当亟亟砥厉人格，以为地方自治之计，虽然先谋教育之普及，然必人人有自治能力，然后可望。教人欤？亭林所谓匹夫之贱与有责焉者，正贵其先能自责，而又能引人之责为匹之责，伊尹先知觉后知、先觉觉后觉，义我国如此也。至出洋留学诸君子，志趣既远，见识又宏，当无不晓然于此意，乃自去十二月以后所闻见之事，有大可诧异者：丁制军以朝旨调督闽浙，为闽士寄电拒之，词句之轻薄，与市井小人无异，以视滇人公函之指摘，尤为纰缪。今日又见山西留学生有致晋藩吴方伯匡一书，遂援闽之拒丁为口实，看示吾留学

生生可畏也者亦可憐也，不知如此混閙，適足
授反對立憲者以口實，亦終將致政府之將
忌而立憲遂永無實行之日，何也？士氣囂張
因是而毫無顧忌，上之人必心惡之，以為不予壓
制，將有命令不行之日，勢必加倍壓制而後已，豈
非自堕立憲之機局乎？鄉愚無知，自閙此次
詒壽往往醜詆之言，謂以後可以任人各霸一方
國家并不過問，江浙梟黨亦方欲之，並互相傳述以為
機會之來。若吾輩亦遂不擇輕重，為所欲為
朝命可以不承，長官可以直抨，試問與鄉愚所
見何異？即進之黨派近卷續出，尾非但是若大部謝鳴詩意直淺丈夫也 此此數事皆不可
附和，切宜審之。我于此若事當川中以飭人立頂，亦以屬伯之辣毒而處，欲先以阻其下手也 即如川漢
鐵路改良議非必不可作，特借調查未真，確
持論未平，先籌也，世未妥善而質之，共布之徽

特無益且恐貽笑借倚人衆之故而共欲一行之是
遂非也反將貽誤家山前日家遠郎與蒼[illegible]辯難
渠皆無可置詞爽然自失凡協列者之冒昧以此
例之人必先有真見始能識公道若人云亦云
而漫然隨之是徇衆也假公議以行其私者耳
因多有以一二人之貪詐而嗾數十人為之援助
動上公禀州縣所常有也若遂以為公論所
在而從之冤人誤事後悔何及我在官經
歷多矣兒當知此故公論云者不在人之多
少惟視理之通塞理果大通雖一人言之亦公
論也理不能通雖千百人執之以衡[illegible]見所見
中外日本所刻心不謂然因寫此示以為寄告
兒鑑 吳云伯選[illegible]甚速如府公以其為通材乃似不宜祕閣之罔
亦孫子吳也書中詞意直亦安[illegible]一字之見相[illegible]文何其深也
廿[illegible]月二十日所[illegible]

留庵

紫璈——慕陶（赴日留学期）

光绪廿二年——廿三年

倪兒知悉前月望後所發之函係掛號局往内有吳筱村年伯手續等件不知收到否爾於廿一夜初舟行赴滬次日即搭江孚船詣金陵以昔科明即抵下關覓唐賓蓀西青陛客棧者三日甚為乃見午帥既獲久談撥冗辭矣乃仍挽留附以次午於飲也同坐爲江蘇藩陳伯平寗藩繼蓮諱兩方伯滬道瑞莘年儕觀察石我次之皖之吳平全理李甫遠文次之末坐姚君湘人乃新自日本回者偶時任以兵事之故談遊甚暢了酒闌即辭謝告別也早出儀鳳門其日甚美最難時有瑞安輪船駕過之下駛至滬係各利

棧一宿，廿六日谷來，談甚久，廿九過蜀中，遣船來迎，抵
歸，至則已四更矣。吳姨病似益兇，致面腫，嗽復不
止。醫謂只可以無害之劑補之，而不知究可恃否。此
次歸，高淯九爺過商，有成都覆來言，為十三作伐，與
棉竹令高雲程之女議婚。雲已允諾，並須回覆下
聘云云。故昨專人託馬彭甫復覆，即以納采，計
竹園名[illegible]也。雲程為陝之城固人，官蜀久，有循聲。
其兄樽九方伯萬鵬，作侍衛時，嘗隨予高鬱東垣所，後
歷官湘、蜀，殁於長沙。雲程則以拔貢入仕籍於此。與
澂南結連，最契。甚符須臾擇，因早屬之，特予十三於

稚龄既蒙爱教,有成尚未敢知。瑶人东床,岂不
可愧。是在有以动(?)督之而已。又兄之责,尉(?)岂
可诿。兄亦常念之。诸年(?)交之在广,年卧既假以
辞色,宠以酒食,方伯以次亦礼下,有加蓟(?)像,遂所
为异数,实则增我惶愧已耳。无德无能,而谬
窃声闻,向君子耻焉。中坐为群一事,世孝(?)以财产(?)
为人济患难,而不居功,不求报之士以应之,而绝
不及於情面交情之牵,此则我区区之识之所
谓事工(?)之道也。已於邸钞见蜀帅奏参之属员,[illegible]
有前以署崇庆州候补知县李鄂江者,其考语为

洪獄粗疏草菅人命，請某華稿來，不敢用云云。

似乎即與無辜者作對之，李鏡清請畢即其人，則

清帥之不備，視爲命樓書民命，打此文兒贖

矣。馨兒欲來，余叔承謀，首言般若，若李真其令人

髮指。眥裂，何物狂徒，乃亦同徒也，若蒼一世而

有來信，當詳之。李寄十餘日，又與顧、羅偕入蘇

一行。大約廿九乃上駛。其信多言吾兒應遷

入正校，爲人躐往之，至再至三，亦在知其前言了

不實之處，忘父之嘆懸之也，若不思，當有一函，以其之云

匯寄咸城本校，是否收到，則殊懸懸耳。自痛但

在輪暇懷寓葉君範賢言由鍊兵局自日本
歷詢所著所讀當學生佳況令人嘉尚然世謂
皆無識之輩自甘墮落居至此特少人知獨為
小人類以成人之惡為計志恒為志士貴尋之所
言詢屬中肯吾兒當毓之自愛力求有以異
乎俗流而以聖賢之直為傑為鄉繩往則心志既堅
立身卓然斷不屑與下流相逐同為所欺是則
父所殷盼者也前函諄囑以弟及知三字謝鄉人
非無見也慎秘無忽何君事勿著跡謦甚不謂
然也東國寒訊汝起居珍重是望
父字 十月初二日

侃兒知悉今日為慶賀之期頗得清閒惟律黃入
見督撫鍾則以月之是日衆叢公所西集議故也午後
吾兒月朔禀十二之書閱之具悉吳仲遙君既及踏
談聞到一單為之一歎印伯同年處自可代達惟
前在金陵聞其已得補缺業將到任一時應係何縣
須訪明乃可致函也何氏子英才特之自係後來之
秀前詩囑和似別有計畫容再寄到無函談
及備筆為是蒼一在遠有前月廿七書云不日上

駛矣，約已行矣。渠自此間無遞而去，復借顏吉士楷
入蘇一行，欲餞復初觀察，而又借百元，計益當寬
裕。乃向戚與家人輩信，所謂亦已閑完，其行李向城
仍在永和祥，已則另住虹口外國式之客店，以故往
還過從，皆未及遇也。少年性情固非怪事，而所
處之境則殊艱難，言乃翁凱臣自青神來，無言下半
日便歸，稍不能諧，事雖在館亦萬不得已而為之，
若甚焦急者也。及論學處一二，竟有怪我惜其留學

之意，词颇不近情，我一笑置之，以之致沧君一来函，却
未道及，然又似已收到者，殆真有恍惚之象也。承
说耳目用度单，皆非浪费。脚下湿气如何？该法
可知？服补药致伤本原，切当慎之。此病我已
二十余年，苦之甚，不过痒痛已痛，此无大害，所谓胃
来之疾耳。吴医以为佳兆，不足为无见。我于湿气发
动时每无他恙，眠食俱佳，固明征矣。今日报载
有海军学生李人同退学事，言因与报室被

犊因大受欺辱、莠语，而了悲慨国势不振、觖下依
人世等现状，宜乎不免也。彼间自有公论，旁观切勿
手预，为是可因以知警知耻，益发奋励学，了心即
不可求逞一时，妄图雪愤，缩打市井求胜，了无一点吾
兄深维此理，不受外人牵率为幸。吴姨病似已
转为支，受相前两夜咳嗽、头眩，昨晚忽失音，洪甄道以
初七夜与我偕来，昨初九午后即去，已将返甬。波来
我初六夜赴大园，次早至派、城南雅相赌，益发觉眼如前一

月廿六夜為家匪以兩被蒙壓氣閉而死者甚家本未報案因已訪出特往補驗乃臨時尚有掩驗之害去笑也吾所官費一層緊可即允許雖在省似不未便言之以東語者尚多少寒酸不可因從其願以要吾兒專心志學不必以用費為憂文安能為壽惟精擇學與國未至為難也培叔及兒今年甫自施阳中回內但有便人即可託恒春寄日鄉也周運舫譯去而王鏡甫尚在此其譯仍和適於民我雁譯莫放何哉

留之手步谷先爲我找周辯卿都忙此安則可求辯卿竟
安人有り譯說甫為自己教等所見者術不能研究也（無識自不知如理田千與此法不讀書之故也）
中法藥店有脚氣脚墊即謂可治理我買得二分方試
之墊上腳隔日反大流膿水因不敢用昨買了一藏須先驅盡
積水乃能見功乎故今日十五以買之藥中傑若膝礙要
有以語彼也日來銀洋價均大跌或點在中村撥也十三元
（已服衣果矣現衣出衛衣寒之切不宜如數減也）
已有玉寄東收到當可一笑我國未之見也近日天氣變
易甚大忽冷忽暖切宜慎護起居為要　二月廿三日
父璈

保兒知悉前日復示一函計尚未到吾兒以度支將罄
求以英洋六十元交恒泰換成日本金洋即由該號寄
東等語究竟六十元換金洋若干且較日鈔帶款便就
然殊不可解今日十六文將赴甬港勘基便擬順道
往杜家行吉穰樓等處並祭祀學堂出款六十元即由
上海月費內提出係便人帶滬封交恒泰東方宏寄
到至日金洋若干日幣合算須詳以複我存註兩二日
今晴矣東國文房一切珍重

十月十六燈下書翰即發 一頁半

侃兒知悉：前得來字并寄到用度清單，知旅費
將竭，亟待接濟，遂以六十元英洋速信交柳葉以為
有便至滬，帶交恒春，即可轉匯矣。其時方屬赴
閘港勘盜案，甚忙，及遂忘向及。昨又由北蔡相驗，旧粘知
帳房王鏡甫，因為務多日未送款赴滬，故何擱下，好在昨
晚鏡甫已來，明早有錢船往石塘，我當將同孟因即託
其親至恒春與之交接，當不至誤。此英洋六十元換金洋
若干，比較日幣何似？兒函既未之及，不免懸懷，可覓石匠

收到後即詳細告我，則下次自攜其來。東游來往之人
流連海上墮落者甚夥，朋輩談及，皆謂其在東已不可
向習之風氣之壞，自引之多，致形談虎色變，指為子弟
毋不可蹈之途。父知吾兒尚有把握，不至自甘暴棄，無
非堅定其志向，檢束其行止，兢兢業業，有臨深履冰之懼，
不可以涉風波而無失，是在吾兒之知自儆而已。蒼一既
性可與結心性之交，為勸善規過之友者，為何人，最要是
敬而可久，不涉戲謔，不相諛訴，共有相識相儆之意，出一

言则互相纠察，行一事则互为勘辩，总在豫为防范，不待既失而图补救，庶几君子，此父所殷殷期望者也。现既以留学为目的，一而国家大故，乡里情形，必知之而审辨之可也。无肆议论，出各辩争，皆宜敛迹，不然此非怯懦，固思不出位之理也。无贻亲忧，而缩荐(?)伏厥(?)，吾儿切切之诫之。吴子安能时相过从，甚见扎(?)里都(?)，咸将中谓(?)一良朋之意，实注重此君，果可以古义相砥砺不(?)也。照若有九月十六成都来信，言此月中[illegible]挈眷来

蘇州即來，欲東游，似以不能請習自阻，其遭虎狼毒
噬，亦不欲與之為敵，謂上海多庇之者故也。特此則錫江貽
又一層怕耳。蜀民何幸，乃遇滿地豺狼手，叢遭亦
何其甚也。仲琦言藤高有信，以十九內渡，此間當託
寄物回川云云。豈諸君皆習速成師範乎？不然，毋乃一
年何其速也。父近甚清健矣。嫂病已去，淨雖未出
房門，眠食皆平穩，無慮，勿以為念。月初大冷，近較和。
東國氣候何如？飲食起居兼當自珍重為要。鑑叟手
十月廿日

紫擻——慕陶（赴日留學期）

光緒卅二年——卅三年

父前月至金陵，午師相待甚優，殷勤若故舊，於其公餘時所談，不特推
心實且若探相引重者，視爲在吾門時又大有異，其議論平正氣象
寬宏，亦視昔爲勝，可見周歷各國亦有進德之益，不惟閱歷增進而已
兒係成城卒業後，如欲入陸軍，亦可就其資以肄業，言之，當竟爲之可
汝可自行斟酌，宜於何所要求擇之，午師諸帥均可因我爲求討其
不遠，兩兄矣。九谷即在成都，來電言十三姻事德陽令高雲程之女已允
俟從電下聘，已托匡超甫代爲致賀，諾之，并經去函令渠伊家用爲
蜀中民吏皆著撻，續陝之鐵道，國人由捐資入官者，皆懇吾奉此責，向之電云
局伯所至殺人如草菅，多不求案，數語上游，據查的實，故奉錄紅批乎
承不合，私用之，其事在敘永廳者之事，直是人理，與渠益曰毋有東游出洋耳
宜竪簽遞電請止，法甚完善，教習用教科書亦請再革生員形遽照一律辦
飭所批，默未光復，以保全祖國，然此等宗旨，只是六君之阻，所請東王之言，學士在
京所表者之所爲，有百倍於祖國者，將巧營私，不堪言，惟今日權勢所制，當然
部之事即歸營，此所甚矣，士習之壞，不僅腐敗而已矣，兒再中所之言，因有覺哉

侃兒知悉：前日甫發一函，將恒泰款條附寄，不知匯
款何日收到也。今日得廿日鐙下寄十三之函，閱悉一切。
外校監長同人輩汝承乏，既事務無多，不至有妨功
課，自可不必固辭。其父念汝年輕，尚無閱歷，恐不能
勝任，無以副朋儕責望之心，而尤慮同學公推，僅
得高點，致汝增志滿氣驕之失，有損於汝者甚大，
故聞此轉為懸懸。汝須不忘汝父之誡，事事審慎，時時
警惕，無使驕溢之象萌芽於言行動靜間，是所

至聆本校備有可補之額，早日傳補，交替尤妥。所禀
聞也。民報之盛，自屬氣機所見端，雖當道亦必付
之一歎。苟心存君國之士，惟自顧把握，不為所推移可也。
吾兒方居肄業之時，秖宜以課正為事，道德學問
藝能，均求實踐，冀有實詣，庶不虛負遠游之
志。若一時議論之紛歎，皆持之有故，言之成理，少
不自主，遂為所移，此汝父所以常為隱憂者也。
至於下流陷溺之事，汝似能見到，不肯失[illegible]，要在於

餘款特定見不受漸染自不進論肩矣得三數
良友時以古義相勗勉以流失相防閑不患不成
大器諄諄勉勉昨季釋書來言當以粉赴鄂
乞助五六百金不允則窘可念也將為勉籌目前
支絀之形實難為外人道耳長何不回一信想亦知我
實況也當不忍責望也季明之儀仍寄此薦既難資
遣亦不易順以說之則固無事不可也一冬無雨日天之氣
平和東國寒意以何一切敬慎為是 [illegible] 文蔚

係兒知悉前月交恆泰英洋六拾元由其換作日幣連信寄往東京當將取到收條續行並寄未知吾兒此款已收到否十月來家計算旅費於月前即告匯父深慮其延不遲到致吾兒窘急也自入月來此間氣候驟變寒威凜烈前夕風雨大作手足俱為僵凍想東國孤懸海中四面海風諒較中土為更冷兒所服皆呢鍾耳總遜於狐貉羔裘聞室中例皆圍爐也由寄宿舍往返校中必冒

儐臣

紫瑚——慕陶（赴日留學期）

光緒卅二年——卅三年

風雪雖曰可鍊肌骨必須有備禦之方切不可勉
强支持致有感冒倘購備冬衣無錢亦必借挪
稟以告父父必為汝籌之華麗誠無取若禦寒
則萬萬不宜省嗇兒當深體父心勿謂僅以儉
用為承志也彼商功課非我所知佳進益否汝
自知之貴在毋自欺否已事親守身之大不以遠
適而間父所殷殷者兒切勿忽視為要吴平安否母
月前曾有去函無回音未知果寄到否汝孫志

未易曉而耶萍鄉忽有匪亂白衣白帽巾旗書革命軍字樣見打秦報之電亦誠駭聞也報言首匪坐罷大轎我便知為無意識之毛賊撲滅殊易果湘贛各軍有刻即以風掃敗葉斬獲將盡其倖逃者亦鼠竄入山計目下已殄除淨盡不過無辜愚民遭池魚之殃者正恐不知凡幾矣生民何罪而忽罹此劫也惟金陵漢口均查出有通氣之匪徒捕斬似已不少寧垣獲犯供去若干輩

有句嫡蒙也了事并闻章安留学生现在上海道宪奉饬业查外洋入口船只有无携带军火及形迹可疑之人县中亦有钉封密札大略相仿查卧札中言其反诗暗藏革命党孙文字迹见於報紙防範稍覺異常嚴密不知出洋留學原期磨厲成材為國家效用之藉何竟為人煽惑甘蹈不韙致取殺身之禍傳聞鄂甯所獲即有留學青年在其中。又與唐才常相類可惜實無可惜甚

視生命不如犧議儀義慕胡說道之報張以志士
目之不萬逆甘受白刃耶抑何其愚之甚矣現既有此
惡潮耶說之盛不向予知吾見切宜思潔身之道一
心一意專志潛學除入校肆業外即閉戶自修無論
何人何地開會演說及聚議之事忘一概辭謝不與
一往即友人相請亦宜託故避之而於學問外之議
論皆可塞耳不聞與友人通書惟宜論學自修世
事安危中外政務均不涉及一字斯為愚不出位之

君子諟之慎之千萬勿違父諭也父近日甚安健
因冷睡服鹿茸忘尚服吳姊已愈而咳未淨欲以歸
言擘兒亦因小疏求說醫實非重病忘不守命而行也
悵二席已送寓聘約張少青陸府當可到其調度當
可豐活江北飢民屬集清淮維揚至數十萬殊是苦
大賑款萬難今夕札函我勉挪解千元再募以歸趙
經費請相幸札中情狀令人痛哭以天時人事之至相
此極也冬寒兒慎自衛

冬中六日鏞諭

宦游

叢璈——葉陶（赴日留學期）

光緒卅二年——卅三年

侃兒知悉父初十之晚登舟赴沿海勘相築壞地
段出門之前即以函催未見吾兒來信懸懸於心其夕
四更泊朱家店十一由七團之團團爲至五團十二由四三兩
團因船船不能通遂肩輿至老港宿十三由二團至大團
下榻泥城之義塾今十四早直至匯角海邊折而前行
逢一相識紳董爲顧詠蓀錢竹君二人相從偕背扎
本團同勘已申刻回大團鎮登舟回署已暮明日
祖父忌辰也到家即設祭悲慟何極稍定當檢案上

來函月本佳陳[月廿二日]季琨及四川學會中所刻敘永廳著
愛厚事二紙不知何人寄來而吾兒仍無一字也父不
免益添戚戚不知去五月到家植春日寄已收到否
兒有何事有無病痛父心甚不能釋望以兩信
片亦無一紙即功課忙事務冗亦須以明信片書平
安示十三等字句有其一則父即可放心況又不知郎
父言衰矣愛子之情自知訴端古人以兒女情長則
英雄氣短然為此言者也少年氣盛之詞然一至晚

年亦終莫能自遣。故人子之能體親心者，折逸之
家信不敢忽。杜少陵謂家書抵萬金，計其入蜀
後已上無父母，其家僅有一弟及妻孥而已，而尚是
云云。豈足遣情哉。羈旅之懷，未能自釋，反爲思之，則
家中之所念望亦何莫不然，又豈特萬金云爾哉。吾
兄其必知之矣。江北災況甚於淸江，流民聚至三四十萬，
揚州亦不下十萬，其南渡者雖再四堵截，終不能遏。經
午帥奏請發帑振撫，并飛札勸賑，中言慘狀，有

全家投河自縊服毒者多少，慘傷心慘目，令人不忍卒讀。又得札，即日籌墊千元，又另覓棉衣二千件分解本道本府，初十乘合縣紳董在倉議公事時，親往演說情形，為勸分之計，並為叩首以求。萬代百萬災黎泥首以請也。紳董等頗識為動，因交作有四緯鈔亦諸君子今日但來撥款，已為倒即封交散放，以一張寄吾兄聯屬，知此為災惻然動人，公即為吾仁心所發，擴而充之，雖以任天下之重可也，豈不以擠不入井為喻，祇在動

不忍之心，有此心乃有是政，治天下可運之掌上，非虛言也。新學家謂擔任義務，耶教謂救世，曰一非自孔孟之理哉？弟謂之語吾兄勿廢四子書，所謂新理無一不賅於此書中，亦無一不合者，若背馳焉，其理必偏，萬不可行。此顛撲不破之論也。至屆一值冒來一函云云（十月廿四夜來函代發云廿七同校諸）。吾兄論主忠信，言為終身目的，識甚之，然無一怨字及言忠信者，亦全科之律也。兄書時時細繹之可也。評鄉祖之識，乘還類擄，斬時淨在日本官校之劉營，即春江之奉

緝等明降并另有數人均事書東渡此輩謬妄狂
悖乃至於此雖倚海外為逋逃藪然終免不了即免其
親屬能俾幽乎無父無君滿遭自喪二人試問此次斬
刈之人非若輩之儔乎既在校中無嘗讀書豈知
而昧理至此甘為悖逆是誠何心哉父母諄諄誨論之諒
不少也願吾兒勿忘忠孝大義勿與作緣一言為鑒以
求一己進步一言一動一字一書必先自檢萬慮於其不肖
於道不惟違祖亦即違親也勉之百凡自慎 十四夕 諭

保兒知悉：前日甫發一函，本無他事，而又不能不爲吾兒告者，正有故也。江西萍鄉亂事已平，匪以湖南之醴陵瀏陽爲最多，近日斬捕四處，而少而究出之匪首劉霞字耆江者，乃在東洋士官學校，其黨羽亦有留學生在其中，業已奉旨指名購捕，而鄂省緝獲之犯亦多少年，聞近見逃匪各單內有數人皆裝假辮，問其爲由東回來者，可知是何妖妄之談，而令少年爲所易惑若此也

昨報又載金陵參謀處總辦道員華元亮密稟午帥謂留學生品類不齊有以官費生而并不入校浮蕩游冶者私費更不堪言且無論官費私費其思想言論多不可問故帥即奏其赴東查察將以根究防範故也然則留學生之獲益與否尚不可知而先為人所指將有動輒得咎之慮不轉成危途寓駭機哉人人志行原各不同未可例視也狂言逆說騰播成風中無主宰之

後生已不免易為所惑無論悖逆之說也即如
以中國種種腐敗而生嗔惡心然對甚心其流失即
有謬妄現象故因蔑德之狂而我已有不敬心
之隱彼其欲挽回補救是也而不審所處而思力
革之未有不蹈我所謂踢鍋揭蓋之害終亦
無益有害而已蔑德之議論甚不以我所見為然
我亦何能相強若吾兒不知守汝父之教則恐
貽汝父以憂又何貴遠涉溟渤終年累月父

子不相見哉兒見此書可自省察備細悟守諭
父訓以忠孝宗旨從四子書爲立身根據而進求
技能增益智識則即留東多學數年可也而
毋屏絕荒誕之言不以入耳嬉戲之輩切勿與訂交以
爲自潔之計父在手眼所放心不甚則速謀回中
雖處縱終身難作安分守法之民亦不至貽羞
祖宗父母之羞辱而又依依遠膝樂共天倫以快兒
之兒可僅陳其所見以俟父之體察爲要切切

正擬由郵局寄到照相四幅，為東曆十月廿五夜
弦以耀華片縮照者，手毫未老，作古色，頗鑑古詢知
與泥上刷金水者異耳，詢可貴也。前日四署張子
青亦打其日所作，我生日不准驚動，所設乃掛金紙屏
已僞全撤。今早頗有感冒，似昨羅頭冒風之故，
重也。仲叔今早來，又生一女，咄咄怪事。陳季瑕西來所詢
頗事，我不欲含以無所懸揣也。蕭宵義務軒更可源
與辯。識吾兒慎自愛珍衛，一切具悉。十月十九日 謝

倪兒知悉：昨甫發一函，今日為父生辰，外客一概辭
謝，不收一禮，即壽星、燭已屏之，故未有一客，惟署
中朋友、子姪兩席而已。父亦有感冒，已服麻油草尤為
清靜。以仲培叔昨早來，晚間細談之下，所有於同
縣藤高者，父既為一書，又為一函，故又有以為書見
告。於藤高為培叔言，吾兒在成城功課既好，用心亦
專，向少外出，故於外間習染一無所預，并言志趣甚正，
兒於諸書皆視了若冤，必不至為所轉移云云。此志

士從人上達之君子之所為也何幸吾兒已具此識父
甯之樂有喜而不寐之概所吾兒能終堅持此志卓
然成立者也藤高不為據於吾國之儒諸人中尤不歡行
檢每晚赴堂上課者其名收則換姓同西邊娼妓于室
同牀共枕宣淫無忌然則旁人詆之四言之矣了鄉則鈞
效甚而所為無復顧忌雖以彼其之僕並方此而為之又
在國者之大都如一半有其國理由中國雖上海之淫放之事又甚者也由於翁而有奥之
揶揄
甚者所歸請義上則借人所鈔以為藍本下則出錢求
人代鈔以搪門面而所讀皆淺薄衰率於學問一道實增

所欲或遂退淫邪施以悖逆淫荡为此顾禅自诩豪
傑以至值孙某开会时相率前往跪呼以为荣不知耻
所言在东华人总在万五千之众其浮荡于外
与挂一入校之名而言犹则情者数务其有志
向学者至多不过千数百人其中亦有一半未尽
可信亦不能保其初心以诱之者众如孙党所识诸
少年故之藤翁于吾见外盖能保其能自律学者殊
觉寥寥噫是何其荒谬乃尔夫非失其本心哉识

言之即為喪盡天良呼可惡已即如挾妓打同人共
居之室而不之忌非毫無羞恶之心者豈敢出此就
此一事觀之其喪德敗行何所不至宜乎打惇安
之說而亦徇之試問彼無父母宗族乎我所以不思避禍
若此而固明之以求學往也以求學往而自種禍根於
其父母知之將痛恨愧惱打命于弟之東游也父實
及此用特察為吾兒言之以後無論同鄉與官凡平
日先有定情而其行止之不修有如滕高所說則無

論何人其廣館均當絶跡，不一過了，以免為所汙玷。蓋與此種無行之士相交，已能為有識所議，若再至其汙垢穢濁之所，與之坐談，人將於我與之同趣，其玷辱於我者甚大，亦即為父母之羞。雖不欲通與之絶，尚恐所以遠之而後不為所浼。見當以父此言為金科玉律，切忽勿視為要。相知有事，或賦或借，但須則當察為規戒，詳其改行與何，潛察之，果知其面從背違，自甘下賤，即宜斷絶往來，自立於潔清之地，庶幾不

如己之友不為我累，而己之志行皆可質諸青天昭日，
而無欺。兒事切切識之。又蘇友談及甯錄在學堂坐
月餘，領多金，并有未入校者，或條東條西以便其欺騙
之計，因而有不堪向前者甚多。上游方派專員前往查察。
父因憶兒年生東渡已三年，即聞其數數易校，疏忽此
類耶。以學費供游蕩，可謂絕無天理。所慮一所言
子長頗事揮霍，試問一身游學，除學費外尚何所需，
而乃酬應頗繁，則亦必浪游之類可知，而乃責人接濟。
陳海珊兵備言：以銀錢供人嫖賭而不責，我為所嫖也。

言雖相率不能謂其無見父所述既意存繼已好出之人

了呼籲皆置之不答實不知其是何狀故也兒旅費甚

過屢見有求答而以自則不暇謝之一意專學謝絕

一切應酬則無厭之求亦可省入耳也父所言皆是吾

兒籌壽意周至之計深識之不必告人也校中功課

既數倍暇父去信亦不必太長之學復只當留存時以自

鑑爲要同學中能甚一明信片以慶父心所甚好甚快

其原係飯衣服諸法檢查　父六十一歲生日書　不

遇便寄錢牙章者錢塊之二字之章寄回甚好不便則暫置之非亟亟也

沅兒知悉前昨兩日連發二函因見風潮之惡習氣染
之壞隱以爲憂故諄諄爲吾兒戒如白金托印之影相
四幅日前已收到外挂一張款識各求其一尚僅一張未
出擬著以寄聲也兒今日有一函至乃十一日所發計十日
而達又知植春日鄉其廿日收到爲之一慰特未知六十英洋
滬日鄉若干尚不與衡君紡綢兩天氣漸冷尚未嚴寒大約與
滬日此地相似嘗戒赴海濱前結冰逾寸頗覺奇凍近
五六日附長和暖但中不可游泳必也偏有感冒服銀翹
而全愈今日一概照外之書晴明出去了氣候和平可知也
兒打東游游少年惡習既深以爲概不求深打身出國

父所深喜至言大道為公數語本三代極盛氣象即孔子
志而未逮想像概慕之言而未嘗躬際其盛吾儕以所見為
道以為可期耶毋忘吾儕而主知不易償耶至一家骨肉之
親且相殘賊敢於傾軋如仇讎而反為他人言之此輩居心行
事尋若不堪向雖同鄉同學若不宜與之相親所謂其所厚
者薄而其所薄者厚未之有也正謂此中人於父母兄弟
伯叔子姪間猶存薄無情而況於朋友之誼篤乎此竟
無之李也前人有言對疏者言親者之過是大不智對
生友言死友之過是大不仁倘雖有言之世與所親而思於
相構又為疏者言之其元良之斷滅久矣至言之於疏外

与偶焉聚處了人則其不仁不智害已無之且亦即無
恥了尤也見所遇果有其人切宜畏而遠之無此種必
有蛇蠍豺狼之毒性根在而稍出此甚未可不之防也然
惟當秘密此言勿使得知爲要嘗令只悉有信至旨
卅三某來言季稱尚未赴上以爲七爺於十月廿日到家
九爺先於去、自省往故一時尚未能出門也惟七爺歡喜
石渠名路爲廣輝大哥如果有暇豈非到會所見郵鈔經長爺爺以
惜勸於慈應務於孝季並職務七爺見之將大慰
氣耳 表妹冬明俟今忽來考意請革職務或有意見 父相斥能海汀數悔亦將不即亦可

眉老手諭乃聶中丞石印，寓已無有矣。友人處僅得一分
贈我。去夏齋歲先生欲得一分，亦無之矣。友好見索亦以
將悅謝，以非蔣園所存也。廿日館下寄至此，前寄至此處遞閣下，世
所若不憚煩。隱痛時有寒熱，痛遍陳燠乘，
措之一診，仍用銀翹散，而不得汗，復中服桂枝尖
一錢，天明乃汗出，其汗淨，諸病既解，人御困，前不支。
故日作日健，甫之調養不備，理未全早，似由見强。
見可知，禽之長者，處處也。屬勤為保身，慎自珍衛，父所深
慰而企盼者也。不憚諄諄以告，切宜省之。 廿叔

十三月廿二忘，前寒熱皆由天氣寒暖之不齊，感冒風，昨已解矣，而尚困臥床上云

侃兒知悉前月晦日見八兒母有吾兒來信一是平安甚慰甚慰惟不知半年內可移入本校否也交友必擇人為出門第一要義凡浮躁之士最不可近尤顯而可徵即如去冬因取締之說大起風潮至有全體退學之事父聞之甚不謂然始終不肯為一字之附和先所以示諭吾兒之意而尚在中今年見公使查出為首糾衆之十九人開列名單以之入奏父即按名鈔存以備考核乃果也江西萍鄉陵亂紛傳有革命黨之煽動其

中如指名劉震即春江為士官學生等語已一再列報本日新聞報又登有漢口拏獲朱子龍一名係翦髮西裝由日本內渡到漢口僅五月云云緝拏之李亦已給賞洋二千元矣朱子龍是否朱劍似頗近之石所供出之胡瑛梁鍾漢劉家運所敘庸等之記載多在取締滋事單中之人似即在滬糾設中國公學之輩抑何悖逆荒謬至此一經拏獲自不患其漏網試問以求學而遠涉重洋父母望其為有用之人而乃以叛逆終也詎無因

交游不慎為人搖惑至甘蹈不忠不孝之惡途而不可返
也耶吾為之恨吾且為之惜使早聽之於札盡之教不
敢一言一事之背馳何至終罹於法與盜賊同儕也觀此
則凡少年氣盛之士可以惕之於心自謹範圍以求免禍
而莫要於慎交謹言語吾兒事事識之無忽以後識
人必先訪其蹤跡審察其言行勿誤之遂稱莫逆為信
札往還尤當慎之又慎而名片亦勿輕以授人為要天寒
歲暮風雪侵人起居衣食均宜自衛也切望之 嘉平二日 諭

昨泖兄归，有来至言年满甄别留省补用，钞到北洋考语尚好，我觉甚不喜当之耳。赵策帅如有饬令查探实业办法，虽无薪资，亦足见上游之相看。此人我校谆谆教以毋勉自立，年底锡权寄二百元以资度岁。惟命其购吕新吾先生呻吟语为日用言行之鉴，果能恪遵，或可知所发扬，不至遂失人格，而事功亦不至为无本之谈也。并以告汝知之。

廷侃叔鉴：前承所发之函一一到悉。江南天氣燥甚，月
餘無雨，病疟孔多。昨夜始見微雨，然得暢下，或望多
為當斯亦年矣。東海氣候日不兒常，叢自珍衛為
要，受寒不可，受熱亦不可，全在自己斟酌也。署中今日
始開徵漕米，奉到秦憲之價，每石折徵錢四千五百文，
本擬平允矣。而無錫米價日益漲，已賤賣一萬石價為
四元八角。至下白粮則每石七元，亦經定有二千五百餘石，請
張少青經手。以目前計，似尚可以敷衍，父亦不以掛心也。

見在校中惟以一意鑽學為主日起有功自有進步
總要步出門戒謹交絕酬應庶幾非禮邪辟之事
不涉於身而心志乃不至於外鶩慎之慎之 吾兒近日又
復病臥在床總由不耐刻苦亦自取之咎也將來大約必
不至遂死也吾兒接手書後擬日誦讀十二卷函汪先生
函薦俞顯堂教讀已復函允之候回信下閱不知命汝
尚未見復也汪在法政學堂師班考試列第一不知究
如何為出結也飲食起居一切自慎為要

嘉平七日

係兒知悉：昨郵到初十三一函（片），知先後去信已到三封，想後
尚有至者。父所諄諄者，乃過慮慮，故此亦因風潮方劇，於遙
切言之。而汝之遠游，要當以擇交為第一要務，守定孔孟之教
勿忘忠孝大義，則固終身所當服膺者，自學說日新，不惟推
倒漢宋，以無用二字抹煞之，甚至并及聖門，竟有謂孝弟誤
中國之本，此種新奇之論，無識者多喜之，以為所持功利主
義可徵實效，不知若輩意則有在，隱欲推翻倫常，以逞
無父無君之狂悖主見，而當道初不之察，從而提倡，豈知釀

禍之遂至於此哉則今日之為革命排滿等邪說固早伏於千年前扶貧振弱諸偉論中而猶乎人之不加察也父所以訓誡兒輩以四子書為立身根柢再求增益其所不能為應務之具庶幾體用兼備足以自立若以我之言為迂視同枉固不知其毫釐之差流弊遂不堪問歟吾見日久兢兢無意斯訓以為進德之道也可以為免禍之方也亦可志之志之此間自入中旬連得膊雨十六兩雪之作者半日晴未凝積而天遂一變寒之甚蠻增似乃冬令之正父前病已去淨飲食亦增嬉則何庭中再作

寒熱作，即嗽甚，我亦與二叔商酌，以邪在半表半裏也，用桂枝湯
並小柴胡湯服之，似已有效，氣色較好，胃氣亦佳，或無害也。
十三前與高雲程議婚，十七高九爺信來，將婚女長歲，亟復函
請作罷論，以不相宜也。自初七開講，雖不如去年收數，尚好。解款
均已辦。衍照近去米以對之，共一萬石，近則漲至五元，出各以將枯待蘇
並宗貝係來聊藉存之，不能清償也。乃借錢之信，信繹不絕，實
無力應付。徐麟書由日來信，借二百番，李遇蒸新函借二百番，均
以夫子不肯置之非起也。村井投人矣，我已先入井矣。此外年三十則

更不必論。惟計吾兒學業，恐又將竭蹶，新年再設法寄
今日封印，預擬書存此，囑婦早間一往賀賀，汝諸兄將往祝
謝，尚未得也。地方年長靜，公事亦漸打掃清楚，不甚
煩難。請筆圩壩諸憲派來贈予一盞，見洪友蘭都史鼎基
到已五日，奈雨後泥灘泥淤，伸舊商定，新正開辦洪
公為琴西醫寫憲憲，幼子明練穩識，好手也，亦屬本事
江南擒捕革命黨不絕，路見強盜世上游，萬不敢成行
可悲亦可慨。巴蜀中路政一無所聞，學界中近有何議論？
知。蒼一近有信否？兒飲食、衣服、起居，以慎為佳。
近日寄信承寄去可兵部存派安州和學堂寺務總真字相也
十二月十九日 字

侃兒知悉：今日獻姪孫明信片，甫到十三，函亦續至，知
汝於十一日遷入成城學校，父為之大慰矣。寄宿舍雖好，為
一日再經還寓，必須衝冒風雪，值此嚴寒之際，每風天氣
即不致心既入校，則可免此苦，何幸如之。同寓又係同鄉
戚，故彼此可以照應。凡在一校之友，固當謹以相接，和以相
處；尤在虛心相交，以道義相切劘，以進益相規勸，
而要必持之以敬，斯於可久。孔子獨稱晏平仲之善交，
即後世師法也。末俗戲謔譏諷之習，徵逐酒食之行

印當痛戒，而吾心所執持之理，只宜默自慎守，不可
隨人轉移，所因以靜察同人之孰短孰長，孰可以師
事友事，孰宜敬而遠之，皆內蕴於寸衷，而不宜形
諸言貌，苟一不慎，使人窺其厚薄之形，則有齟
齬之漸，此又不可不知者也。愛衆親仁，聖門為弟
子示標準，而所終身所不能或背之義，至與人相處
總須抱定一恕字，始無所失，躬自厚而薄責於人，則
行無之方法也。見宜時時念之。前信所言為藤高過

痛時告培叔之語，父深以為憂，非獨為吾兒言也。東游者青年之士，奮志求學，不憚涉海遠游，而行檢乃不自惜若此，則名譽之隳敗更何待言。試返之初心，何以自問？且淫蕩不之顧，體面至是，皆為友朋所不齒，其身體之戕賊，寧有不受害者？萬一染受惡毒，斲喪精神，又何以對父兄？就令知子安輩之卑，其有以自潔，為之快慰無似，見當互相勸戒，其範之焉，以名行為砥礪，始不自負之人也。又近日革命黨之被捕者甚多，如鄂、湘、長沙、金陵、滬上之見於報者已十餘輩

虛費固非所知，然聞借游姓名不下二三百，似亦不免濫及耳。兒宜與同志約專心在校肄業，以少外出為要。計凡一切開會演說之場均可不預，以吾志在求學，不暇預聞他事也。而談議之常亦須立一界限，不為激論，不議國政，一以稽經證史考古證今為務，但就吾身所應求進益之事着眼；國家措施、政府得失概不之道，以言之固無益也。實用嘖嘖為此，一主篤實切己，主之意，則我儒學目的乃專進步乃速，亦即省煩惱、免是非之道。又聞留學中有

旗籍子弟而無知之輩見西訴之是爲排滿之派此
其見識之悖謬已達極點自中國時危之局言之
全亞聯爲一心尚恐不易自振而可自分畛域耶況
朝廷尚無畀視而漢人乃如是顛狂真可謂毫無
人心毫無人理之爲也如見有此種混帳行子切不可
与交一言，避之若浼爲是不過口，當心知之而不必明
言之恐其如瘋狗之狂噬耳 見當寧諭文言爲
要月前小有感冒刻已全愈前日封印明當迎

春今日雨聲浪浪大約不易晴霽吳姊仍臥病未
起藥亦鮮效而飲食尚佳或可無害由笙今日
來函云已貸學部派送東洋尚未奉批即准亦必
明春乃往也玉蟾兄弟生長富厚驕侈之氣又第二
層薰染耶耶之愚或不若其甚我已嚴切訓誡之
汝與信時亦當有所規益為是其不以一差似已大
困自作自受能困以知警之猶倫書囑志行附去兄丸
福也起居一切兒宜自審為望

丙午十二月廿一日鍾下示

係兒知悉：頃送信到郵局，知於廿八日即將停班，心念吾兒不已，特又寫此一函。緣際歲暮之時，人人皆有過年之俗，見衣服、飲食以至爆竹、春聯之類，煩其一錢以爲喜氣。即家中兒女下人輩，亦莫不忙不迭，爲境所累者則增一番窘急，而歡忻鼓舞之狀，則幼孩與婦女爲多。計吾兒年未及冠，如其在家，亦嬉游酣樂之候也。今乃以求學之故，遠遊，涉太平洋，爲元明以前人所不敢到之國土，不攜僕從，寄身校中，食惟粗糲而謝肥甘，衣

隨易裝，亦非輕裘細軟華麗之物。當此鼙鼓聲中，詩無有因時生感，感慨以罾中所享用者念吾兒之淡泊。即父亦不免悵觸於心，蓋有憾念不能自已者。然吾兒以成童之年，即知奮厲，平日酣豢所都之境，一旦不以為可樂，而以為可羞，毅然遠遊，將以淬厲性學，行濟求事業，為曾益其所不能。進步是，雖苦心志，勞筋骨，餓體膚，空乏之，拂亂之，交并而不動心忍性，期達其目的。今幸種種困難，尚未及身也，則吾兒志願之宏，方以

自奮自勉豈斷斷然見女子之瑣屑沾滯而不能見其
大者哉古人所謂名教中自有樂地者似吾兒亦已深味
之何至年糕麻糖之鄙瑣而至縈其意見也若應候
懷人朋友之交且若況於父子或恐吾兒於年頭歲底不
免有思親之意悵望白雲未能自釋此則天性所關
夫豈遽忘處若父之屬望吾兒者在為聖賢為豪傑為
救時之志士為頂天立地之奇男子兒既講求學問磨
練智識增進技能父方歡喜快慰之不遑斷不以遠

離家歲歲，則兒亦可無用其思，思則依侍而不自怡也。
汝兄弟四人，人人稚，父以其無知無識，純保采其情性，
所望以自怡，無論也；教之庸闇，便時有權量之事。
以鄙之冒昧，貿貿入官耳，否則館司之弼父不以為羞，且
有赤芾負乘之虞。前因聞其言也，曾以二百元諭之。
近得陶老伯函，乃知其命欲偕家君公溥至津，以四百元
應聘之求，已屬至厚，且先由欲偕封懇趙留守札，歸採
訪實業，一應辦法隨時呈報，月給薪水百金，是其旅

中國既以自給也乃皆不以實情告知乃父而惟以窮窘
聞可謂無理已極故封增父以喜怒而已環顧汝曹惟
吾兒儒學之專耐勞苦甘淡泊之志爲足慰我心也
兒益當砥厲名行討求學問保重身體務期卓然有
以自立爲大慰乃父之佳兒是則父所深喜者也爲學
之首在求放心此聖賢切要之訣父所手誠意章及
中庸首章之朱注時時玩味爲戒欺求慊之方然後一
切知能乃有實用世風不古邪詭勢如斷斷不宜有爲

其所處守之孔孟垂教宗旨以忠孝為大防自茲種之
新奇均不足以淆吾之視聽至於擇交取友必慎之又
慎以冀稍身心之益不至流於匪之傳黨此黨籍風
潮自此茲一無所擾矣歲云暮矣誨汝諄之惟終身可
由之大道切勿以老生常談置之世間陰雨較多既有
光廿冬晴晴
三四月之亢晴恐此後必多風雨築圩工程將多窒礙
心頗憂之郡守成公明日聞當泣此為普濟籌事欲
集邑中紳董商也米價飛漲張少青之宅

萬六七千石俟折價派定再當補還或不大虧不致過多今
冬比較上屆短收五萬有奇照此二月中終趕不上月
高要程姆姻事其女乃長十三四歲我以為極合已函請
作羅論吳姊寒熱已解飲食亦佳惟咳不可無寒吾
兒不必懸念也校中溼氣未知何如或將臥具多多晒晒
晒亦屬有益切宜慎之費用可敷衍至何時見示之
及知汝學貽我憂也不能不預計也父甚安健聊以慰
汝懿居飲食諸望自珍

嘉平廿六之夕　示

保兒知悉：今日爲丁未新年第三日也。年前雨滴淋旬，至廿九乃霽，微見晴光。除日遂陰々，無雨無風。及於元旦次日，皆甚，而寒度則日見增長。今晨七鐘，忽而飛雪，愈下愈大。至十二下，則檐端地面均積二三寸許，一白皚々，天地別變光明世界矣。所惜一冬少此，惟臘後翼午雜雨而下者半日，繼尋已有冬雪（吳山猶積寸許）。此間老人言：冬雪則蝗深入地，其首向下以死；冬無雪則蝗首向上，春雪失則亦必死，不過死形有異，而均可以殲此矣。舉國亦

吾民之事也又於職抄公私之界催迫紛來不能
遣去遂動不寐之症無夕不若鰥魚之目徹夜瞠然
能浮天明後畧一瞢騰即尋事事廿八之夜因細故
動氣氣逆覺右肋凝滯前後均作刺痛中夜益甚
不可耐痛遷延至除夕元旦坐臥不安口中淡不可名
畏見油腥遂食淡三日昨痛乃漸解口味亦佳計無
大寒見雪甚愉快既成一詩詩意猶未盡移盆梅於
庭覺花之精神亦有與我並復並振之象頃自擬

雪蕉茶則有清味，實意。我由此當復康泰矣。吾兒可不必懸懸也。歲底收漕，較之前年短一千七八百石，固由雨阻，亦要因米價太貴，民力艱難之故。已買之米至三十日始將價付清，未買者尚未能定也。以所派折價完係若干，至今未奉札也（前已奉催解折價之札，甚急甚迫，完解如千石，約不依限，知書加倍，來年亦許以多派）。（夫人先生之事，直至今人氣尚）除日所收，尚有三萬餘元，較去年為歉之。頗識帳房善強矣。張可青調排整動，自是老手。看其所不相照應之，惟存義經開不清楚，只好從容對付也。

公款應解者切未大差．去年匯寄之款則亦甚
屬僅有．我尚在中上，自不至概落人後也．現因初八為
戚太尊之廿八秩壽辰，擬邀、等舟前往，初五到初六
拜生後即搭輪赴滬．入省所迫切者米貴日甚，民食
維艱，錢米存者甚少，數辦，請如何詳了？上游不顧
為之計，將來恐有滋事之虞．即近因禁革洋烟發事
明諭封閉烟館，目下烟館之多何下千萬，至少至於之
家亦必有三四人倚之為活，一旦失業，此曹安置以頗為以

米貴，借口怪怨紫黨。去秋江浙也有現象，即此番八月廿二大園之事，僥倖未成，而各處匿名揭帖何止數千張，多謂紫黨之驚之疑之，徵兵等一二新政，皆歸罪其勾通外洋之所爲，其愚識到極點，而一經起哄，則人多嘴雜，萬之說不明白，無從開導。古人謂民嵒可畏，嵒之云者，乃嶙峋兀突之象，桀然而起，不順不平，無以安剸之故也。一到其時，尚何是非講其可言哉！我是以爲此一事引爲大憂，欲擬一條陳，爲大府痛切言之，或從上江，或從長

南暹羅諸國之大宗米穀為平糶之計，即使不及五
法亦足以安定民心，然則直有未知所死之懼以向來每
春之交，無米價可以不至於日益長也。此環之本不安為
治之言之，而以吾見者，近來清新學之士皆視改革
甚厲易，志在必行，所見如麾一之議論，足以概之。此次
禁糧之驟出，留學生之經濟來，誰將議其非為民間
積重之形與外省艱危之象，皆憒然一無所知，既無人
敢言之，言亦必不之聽。我甚欲審審當及此，更萬萬不

行而古今治禍取亂之由恒繫乎此故欲吾儕之一念
之也至戒煙現重取締則外說亦可知此語最厚最先
而租界竟大為種灣閒已不敢力爭南中大行為祝
為準經而已嚴而寬者已出六月封閉之亦為奇稍何
月之期收煙館皆謂有煩言致八月九月之稍尚未收改
一半嘗由縣中整出尚嚴札刪寬此何說也又戒煙之
藥一任奸商論人為丸為膏為烟片珍藥水無非嗎啡諸
毒物或用煙灰煙梗中之垢膩害人不淺而利市百倍嘗不

一縣之計方驅追為民以就之以至死者甚多脫離苦
海者以若輩握造之諸耳我所用徐循服藥水三月致
失性發狂身投水以死雖謂擊悵未能以藥水之為
也不當道若章程一籍已死一步一者其一是亦豈在者之
用心哉至謂吸煙之輩不能遽反更無忌憚則直貽
吞之誅矣不能遽反雖留學生中之革命黨且其何論
煙鬼其時遽反不足不謀事有從以百千萬輩謀事之人
紛之並起紙下欣欣切切之哉不能則彼亦得所不至[illegible]此本吳

踐人二十年怪現狀中胡説不圖竟接奉正論見諸敎
稀何世俗人材之壞至於此極也父以生長鄉閭少年
所見所聞於民事備悉及入京東游至今二十餘歲閲
歷之閱自覺不識亦未嘗敢誤焉置了事之均用心考
據實甚詳然欲其以之非或稍論説或自記詳而至今
乃堂家日出一切政令數數皆不假思索而來不向繼密
實行而皆以不詳視爲具文責之實則終亦具文而已
故身雖在官而心轉慄慄世亦徒以自病而已信筆夜夜

亦足備吾兄他日之鑑也。本校房屋較寬深，所住樓下溼氣甚為何止，可自圖防備。旅費計將告罄，此次俟君還滬時，或可匯寄若干，前數以資接濟，不致懸懸。十二月藏讀書，由汪師薦俞顯堂先生，月俸十元，約定十八到館矣。吳吳績雖未出房，已能起坐自校來，平安。臘底接吳子安一函，陳季琨一片，均收到，復書亦分寄矣。俞曲園先生廿三作古，瑩光歸世，一朝奄謝，亦良可惜。此老固全福也。庚武之比部亦於年下丁母憂。此門入蘇皆所

往來也靜觀世變甚時之念日益迫切有若之我者乎終日之家世念吾兄有志鄉學不憚勞苦不辭跋涉求旧者豈不藉以自慰為以風潮之巨也則甚望擇交慎友毋此乎聊百謨之言慎行為自立之地要在抱守孔孟忠孝宗旨凡新奇議論皆以聖書所有之理以衡之如是非特夫自可灼見終身不失為名教中人乃進退得法業進達事功乃無所於愧兒事勉之暨中兩東弟並此賜藉以自遣也涵東感寒諸希慎衛　新正三日兄衡

偪兒知悉：初二日曾得十號信，封寄郵局，不知何日可遞。廿八打初更，偕蒼眷登舟，夜出閘港，初七到松江，初八返本府。夫人八十壽辰，往祝，初知其處不肯動，又不收禮，本擬拜壽後即行，乃既以壽麵，又以晚飯辭之，不獲遵意，竟日未行。赴劉華軒軍門處，擬今早須力謝之，再三乃已。是晚雨語，寄安笑已頌。打十一點拖掛晉華小輪赴滬，或今明日將赴蘇一行，大約即原船往還矣。前函囑汝學費，將錫今以六十元擲交二洋涇橋源滙錢號，令大吉換日幣

兒往匡廷成、城校內查收,想不至誤。惟記吾兒函欲買
金帶,不知何者為合算,此間殊未了了也。鄙意若再六年
到省,一涵探其弟二子,備來(字鼎卿),留其一在寓,暫住坦公
館入蘇也。其意思只為兄弟也。父精力至弟,不足則愈[illegible]
昨因春亭去,我去講習所,開辦硯山丁有要件,聊一函,欲用[illegible]
[illegible]
奉致首府解圍之謂,大半載不共所天,不了也。目下未
便大界官民交病,上官已欲以此事陳之,舟中乃一條陳
報言東京大雪[illegible]
今無人守耳。春寒千萬自慎。是諭。黄海舟中。正月初九日。瀚

侃兒知悉：新正三日寫一函，計十一號，係郵局開班即交遞矣。
父於二十二日午後登舟（賬若干初到所留住署內），初七十點鐘到松江，皆為歲底太守
母夫人六秩壽誕，雖不收禮，而拜壽喫麵，并當候伺，故九日
乃附輪而行。本草就一函，擬在滬以上十元購日本字書，
兒為學費，携諸乃三點鐘後抵滬，即趁大東小輪來
蘇，時寓甚促，遂來不及歸時，故未寄汝，汝不必懸念也。
父初十到吳，山僕八點上院，未見，先見提學周繼兄方伯。
午後見糧儲睦，昨十一早辰見竹老，今早歸見中丞

見方伯持函告以年前即將調我上海因謂缺歲有限額
以將俟之我歲需經方辭至有陳公言午卧之論瑞道之
請中丞調與之合斷不能辭並言我之意將移其差省為
以繁劇論則上文重要於長也似萬之不可免焉者耶又
求得老封翁志不見許謂上游慎重所注也札到寬若遣
來未弄云名領亦公陸云之知真嗆之也易民我私討云
勞逸之殊難易之別因度從繁爲省之異皆非所願
以樂歸于九年即以此席見許蒿力謝之今遂于五年乃

以六十餘之老，猶不免此，若果回頭，我公早中止矣，又
（來時在舟中草就，昨始仰吳霜若辯為我繕抄，惜其文甚長，以……）
及此，以我置一手招因求，修去黃民，倉不及，請留……接連
為綴請人心之計。甚幸歌來，孫同見，皆傷嗟不已，何欲我
暫留齋弱辭，法救明日當不能言，遂離再回辭調
上期打了，請不識也，否則沈論辯學海，經此身無彼岸
之感，何日可作退休計耶？自問無一長可虛綴，續讀
篇，遂以自累，真愧怍無地可也，尤有最怯之事，則以說上
浮華子弟，易打腦筋，獻敷已成為書，其……人所談

十三齡稚亦聰耳目擔謀將不成才夫非宜耳萬一不免則
毋棄宗家法亦終患不能識此波濤也至年但下賢人
既甚寡才亦謀穩口與革憲不協故家已不久將其信大
約務則時與我疏調也今旅以大剛之信告汝德以辭
淺膝乃孫我之天幸兒以為何如來價日昂食米
已到七元糯粳則五元無為我籌須補貼三千餘石回川
堪哉此等前所罕四八五之價視佛芭較本月勝及皆五一及五三五十此不
無暇見聰心聊一言之耳報言當世學因有暇察之予

校中時有紙件信否不可知而父之教吾兒者則推本自
從但求自己立心制行不違聖賢之訓一以躬自厚而薄
責於人為行無之道有過無咎也吾心曠然可質天帝
無過無咎也吾心忻然無愧神明一言一行不越忠孝
大節能然以砥厲學行為業不以暇與外物計較哉交好
中果有同志之人與之互相規勸不背此義則用心不紛
學業自易進步是父為吾兒深喜者也勉之望之

此函寄三大兒後甚為二月末帽帳未先報佳也

春寒鄭重起居為要 正月十六

自元吾兒棧鑒 下諭

前信寄松記冊中所書送遞迄未寄到，擬於十二日於元興棧
寫發一函，今日十四棹檥盤內待輪東寄送去，約移遞〻為
未發，乃免以復卿。昨又函言之也。惟所再力辭，未知能
曲諒。余於此事未握權，終屬未定。如長蘇久欲得此間頗
事運動，我又明請讓之，或當如其意乎。陸夕挂牌擬
宜與汪唱鳳垂表世顯已謝垂矣。此來乃聞將作罷論，
固由欠款還辭，亦抑老維持之力。其則我只作信云尚
安可安哉。不過本非所願，又經力辭，不謂至此。我願此外復

奚用介意也 曲園先生臨終神明湛然口占一絕云茫茫此
憾竟何如但恨粗粗穢未掃除七尺桐棺三尺土此中了卻萬
言書意可敬可慟也頃去訪日領白須溫卿領事一談
猶垂問吾兒也溫卿于曲園作古之日曾覽致其國文士
談次猶為歎息亦足見此老之重也此行撫藩於我甚相
引重所請預籌採運米之摺均經謂其已定撥廿萬
丹中所著之稿十一日出吳寓所加論之手請假將其原稿
金為之倡為捐者以積穀息款以壯其數亦吳民幸也到
滬即寄匯款因附此二紙以告吾兒也
十四日 鶴白舟中

俶兒知悉，昨寄到上海所交恒泰洋六十元，想其所出收票只八分，日鄉六十四元零，言近日較長故也，不知此日可以匯到，已囑其從速為之，俾應吾兒支絀也。今日另附去日本銀行票拾元一張，乃陽源棧中所收，乞為轉用。以省城雖能行使，須貼水八角之故，不知能用否，吾兒試當之。父昨早抵滬，一路平安，叔家遂至王少谷寓中，飯四點上船為潮已退，少谷來舟久談，比至十點後子潮將來，忽又遣一差來言，省中已經掛牌，請至伊署面談，我以再一

船閩須今年乃能開行遂歸未往究竟牌尚可挂至今尚未知不過在省時撫藩均欲吾之對調也然中丞尚命我速料理交代本有下月挂牌之說何以如是其速哉蓋由首府自金陵回但若南京有催促語之故且恐上游也相催迫交卸即在月內悤猝之間令人不稍休息未免勞頓耳茲特以大概告汝寄來之牙章及太陽報均收到昨夕大風今見雪點寒意懍懍不知東國何似望吾兒之善自珍衛也

十六日 父諭

侃兒知悉：自吳門歸，毋々寫一諭由郵發去，不知滬上恒泰之款已匯到否？兒前十一來信十七即到，可謂速矣。省中藩垣於十四夜二鼓挂牌，父與少谷年伯互相調署，而總王未到之前，委方琴元時聚暫行代理，其琴元至今無信來，約於月底月初乃至也。滬之尾尚有萬數千元未收，於在少谷來，可與彼此分催，聞上海之尾只能得至萬，或可互和。我尚有賑款萬金應收，給塘工之用已發過五千元，餘不交之少谷，照其上海尚有挪動之款也。我既與王年

伯為至於其錢，席夏伯英亦即張梅樵內兄兩家均
無隔閡，大可聯絡，成一氣，惟方孝元因石肩集作息
頗有嘖言，我並非為少谷之人，不過暫時擔代其間（乃知命與我拜內力謝之收回成命，晚往過元）
能為我亦無瑕可疵，固不足介意也。昨十九之晚擊舟
至王家灘，二十六早開輪行二十里至圩之纏，為其時紳
董在為者多未赴也，旋偕出海濱祀神告廟之事，午後
仍坐舟返，嗣着海邊大風非常，動到黃李韜亦吹翻，我村
行祀後仍周視海堤，見諸舊堤岸皆缺之，狀似不為，我往後

雖覺頭之痛以薑湯盥洗耳貼藥膏遂寢而折往返
舟中作留別七律八首頗甚順手亦自快也并以告吾
兒即可知乃父之安健也命邸堂先生十八上學十二甚
與相投連日早起入塾至飯可息也晚乃入上房側有紛
擾之象亦不以爲苦俞師亦兼請循之當子張長才與擬
亦從讀以留畏若父子即下榻簽押房故先生暫住帳房
西一間兒輩亦讀於內不免太擠以後擬俟到泥再區劃也
今日報云東園匹克倪孫某出境以篤定道果南則留

學可少，多少擺佈，亦不在終為內中所牽，何乎？今年者大特未知其信果確否耳。吾兒則惟當專心嚮學，又宜寡言慎交，切忘乃父忠孝之教，雖狂風巨浪，當可無驚。況郵傳無憑之事，又何可慮之有哉？總應力求識然。除學術外，概不置論，否則不為人所忌，便為人所愚，言今人三緘其口，宜遵之師之矣。孔孟遺書，為立身根本，切不可置之不讀，功課之外，日尋繹一二章，字字皆金科玉律，從身受用不盡。若昧乎此而從諸所謂學者，無本之木，無源之水。

水也，奚用哉！父之為此言，外人歎嗟為守舊之見，吾兒萬不可為其所移，當視為家法所在。指是融乃父也志之無怨。錫清師已調雲貴，而以岑師督蜀，其原因不可知。然清師信任李鏡清輩，皆貪酷之徒，殺人如草，大罪也。怪岑師雖意氣用事，癸卯秋入川，能力鋤寇亂，鄉人至今感之。其勤官之德，亦能為除民害，以此屬，或亦蜀人之幸也。我俟方至交卸，或先接印，或先為當蘇之川。指融言

尚當再以告汝也。春寒猶劇，注意善自衛為要。正月廿一燈下示

保兒知悉前日寄一函已將薦牌仍調上海各情詳知
矣東道書清理交代略有眉目石方孝充需見一信究未知
其何日可到耶乃聞步谷有信薦差之請信云不可知
不得封出課見有但葉之梅托書薦其此意見外間謠言之多類不足以信也
頗猶近於負氣然非所宜果前則或尚有變動也
日省垣又有多牌更動者大七舅未知究何又耳也
好靜以嫻了解着奏捧於廿二啓行赴蘇矣今日見時
報刊有學部諭游學生文一篇字字金石大振聾聵我輩
日爲吾兒誦讀之言不知是否刊印寄東每人著給一

紙此實當道愛厚望子之意所告者三皆以遠大之
理相期待宜耳平心靜氣仔繹而泳涵之終身佩服
書紳之訓於一已甚有裨者也切勿只以文辭之派知人
即虛文我輩之有實得者可玩視勿禁挑撥虛心大
高年伯去夏來函云惟公知我乘雨曾不能得其記者亦於此見其非臧文仲之流也
度留之世人材盡心國事為一時賢臣者曾從未推當
感佩低服若故為豈敢適自形其淺薄而臣吾見輩
勿稍縮甚習也又所報言定矣有暴動事至若發兵
彈壓乃定未識有諸否報以為因紛擾劣校之故即

今有二三我無可糾何畏乎察罷其不聞不見可也以求學入人之國而為此浮暴之行致干其警察之法度辱亦甚矣一二血氣未定之子倡之群焉和之貽全體之玷辱可悼惜吾儕當深思遠慮以嚴於自治為主萬一遇此類事惟以閉戶讀書始終不一干預為守定家教之說以謝同人之要從責備也慎之志之我十九夜下鄉舟輿中作函別南匯八律就此寄暮刷出以一帋示汝不必令外人見之徒貽笑也（此詞業經存若東衡那已移往東瀛留學想多難為也）日春暖異常東國何似一切自慎為佳

廿四日 諭

南匯師範堂寄此

侃兒知悉前日有書一函近日書差切往諒即達接看
完否其以日來此卻無消息我乃終日無一事神昏則
百方要錢而歲計預算兩表始終不肯告送宜乎學
務爲愚民所與言矣葉漢存則已東游計必與吾兒晤
面惟不失禮焉可也今見中外日報登有東京留學界近
情三則付副監督王君克敏多多詆毀之詞固不必問惟後
一段言王撥有自費生借用學費章程但須官費生三
人連環作保即可借用此章一出至今已借出三萬數千

元云云不知果信否如其有東游子弟正苦家中接濟不能應手未有不求人擔保以遂其揮霍之計者也吾兒則千萬勿借此錢乃為肖子然問亞寄去六十餘元皆在吾兒未來信之前父即為汝電到以供學費儘可先行計算早日來函父既移上海尤屬便易我不至置之不顧萬萬不可向監督開此借貸之端貽人口實父此信蓋因是特以誥誡汝也專志嚮學無預外事多讀書少議論慎交游出是為至要 春寒加意自珍

元甫得南惆惘之要其兄亦補莆閩缺矣

芷青示

信牌

紫璈——慕陶（赴日留學期）

光緒卅二年——卅三年

侃兒知悉前日甫寄一函昨見香兒寄廷徽書知偶有風寒病象雖云已愈照常上課文珠不放心是否年頭大雪未加衣服感冒所致病狀何如似乎曾至醫院調理諒必有寒熱發見口味曾否減退所謂已就平者一切病狀已否減淨飲食起居能否照常如精神未大復不妨專心調理以全愈為度再行上課必將千萬不可勉強支撐使病未去淨而加以途勞反恐留病也吾兒切須慎之又慎以慰父母懸念學業固宜認真而尤

以身體為重，平日務須求衛生，園校中已有之章程，而勞逸之間自己亦須斟酌，斷斷不宜嬉遊過量之甚至打戰賊之失，纔萌自行禁遏，必視此身為金玉之珍、為泰山喬嶽之重，思為頂天立地之奇男子，總在自家愛重乃已。思吾身有多少擔任之事，精神元氣刻刻護惜，使之永永完固，自然外邪不易侵入，將來任重致遠，均係乎有恃，始不自負此吾兒之身體，此意也。十三今年讀書頗知懔厲，俞先生亦甚誇獎，甚覺快活。昨見所作論

闻大有明機且能出議論，少梗塞之字句，字亦甚也上。
海署内閱書房甚好，乃裴法老培植，伯謹仲約兄弟可
設到彼，以後亦能同所，可為一慰。惟我嬰其卌擊華欲一
陵樸素以為保存家風之計，乃不肯之子婦亦擬做新
衣，并不雅，叔聞之令我甚恐，似此情逆道，如尚何言哉。
昨得竹園元旦來信，言雨生、鳳等在鄂，硬川請歸銅元局
挪借鐵路之款，資共百三十餘萬金，現已將所買銅板二萬
數千石賣出（買價每石二十三兩，現賣得漲八兩零），已收回九十餘萬兩，外尚有卅餘萬

議明由煙酒捐權劃抵兩年可請九峰謂此事由蔡伯浩獻策所致去年六月在省會議黄楚楠獨附和之初以為可以賺錢多賺則捐可早停及銀貴錢賤勢將失本帥甚惱々始以兩廣等々要不懦並改計亦因留學生議及此故改定計速以為是亦清議所予之一端也來信言二三月間當可入省今知錫帥移滇藩盛遂亦抽身矣又言說紛紛已定案求退意似甚決不兩廣則新任尚未回成都云以我揣之西林到後局面必大變都中如甘如林如張

羅羅輩斷斷欲爭回商辦，岑不允則必受大誤，即允則
諸人欲遂其私，亦有大害。此公手辣，圖過我易金比也。或者
若輩亦有所憚而不復垂涎乎？吾兄千萬勿再與聞
一切，我學為事，以[illegible]從及。雖事關重大，不敢謂定無成
商分立成也，則商亦樣當推廣。我身不能為諸君子信也。
我辭上海，不得而觀此又者遂謀相擠，盡巧肆傾毀是務，
我為射的，也實可笑。然此推及吾必另以為之也，非所計矣。
兄全念為勝，并望詳以告我。自珍自珍。

此以[illegible]紫英有勝好 慕乙再叩[illegible]

弟[illegible]頓[illegible]

佩兒知悉：三日未寫信，亦未見吾兒來字，心殊懸懸。以
前聞有感冒，雖云輕減，究竟如何？服法已否全愈？何
以又言曰仍照常上課，不慮過勞之非宜耶？三日無信
來，父不能釋然。著以報載我詞上海事，兒未必未見，
可無以此事來函之信，豈之病又作耶？昨今悒悒不怡。以此
兒須善自保重為要。此間自初三又下雪，驟增寒之意，
早晚尤烈。父已脫之狐裘依舊加上，亦著時猶其冷。
東國四面環海，尤較此間為甚，衣服既單，夜間衾

禱亦得切勿勉強致受傷也父母惟其疾之憂若在勝常可以告汝保護遠隔海外惟有懸心盼耳見亦思有以慰乃父母耶 方孝兄聞有詩作時接印之信其區丁等前晚已來乃刻已日時節中告無消息報言其弟可由此動身昨晴善往新橋一帶迎接迄未之見殆赴松江之故然今日之期又待改也壬年伯往越迟十三之期計方改期則我須十六乃来諸既好在書籍衣箱等二均已收拾就緒

一條之計便可照行矣父身體甚健昨晚二三點鐘丁祭祀後歸以要眠自覺爽快至家中亦均安長子以務吾兒告慰者近日各報紛紛言議南洋學堂潰矣君並言吾兒暴動所傳之詳甚為吾川人言之而拊感嘆無一語及之想見吾兒靜無論以狀吾兒惟嘗嚴於自治不參干預不妄議論守定專學之志力求充足之私然不至浮動砥行礪名之道即在其中念之念之毋忽春寒百凡自慎是望

二月初六日 諭

十七

侃兒知悉在南匯去否不知，一一到否，計本月未見吾
兒來信，父甚懸念念，至今日見永和祥訪蒲伯英，商其
言言，成成城以已月努藝藝成績，不特學生功課甚密，即朱徒
函亦當斷絕，到亦并不送閱，丟丟畢業，則無信信放，亦自
有理，并言行時雖未與吾兒見面，然未聞有病，亦知向不
輕出，專志用功，為人所共譽，尋讀則父又深為之嘉也。父
於初十日巳刻交郵南匯寄稱寄孝先初九午以指到下午三點與鐘發冊
十一大早抵滬，即下榻王少谷同年簽押房，今日已寄紅諭

定明日十三巳时接印大约家眷一时尚不能来只好徐徐以待而此间酬应之繁百倍于扬公事亦数十倍焉好在刻下精神尚不见绌耳此署视扬署房屋较多一倍来年伯父甫经修葺我来颇坐享其成亦云大幸闻抚宪会奏裁撤漕标已奉准十五万两所缺之六千缺不识又不赏为外间振来之风尚未能尽净听闻青浦界又振一船数虽不多亦系漕标民气之嚣亦未免有所致之可虑也儿尚自慎起居为要 十二夜三更父字

係兒知悉在南匯時即以函詢未見來信為念日
夜懸懸及十一至滬十二日晤蒲伯英聞其言此有
為成城學校試驗功課之時分科考驗甚為忙碌
學生不能通信於外即有來信亦例不送入等語以
為此或不見久無信之實情也然父於十二接印連
日接見客之狀幾無寸晷之暇然而一至人靜夜深
則又念念於吾兒而若有一物焉梗於胸中遂甚不
自恬者蓋念前後計之已一月無音問也正月十五壽

去〻年（六）元宵日（六十四元）鄉區已再收到，既無回信，而前此所云
歲受風寒已否全愈，尤父心所惦〻者也，而尚未
蒙函覆以一明信片寄我，亦所甚怏也。又檢印後未
往去年但簽押房中連日列其家眷陸續回無
湖，僅留一兒居亦遷住東院書房，四面內上房悉皆
讓出，所命打掃既為糊裱棚非令相劉鄧趙姓起
南匯迎取眷〻，大約明後日可以到此也。父到此後仰
食起居一是如常，今早監斬兩流匪，即在祖界看（大吉）

次據來示，祇或者可望留學，實亦甚鄉。前據來示
輩已於六七月間，乎搖蕩兩週日，亦甚平靜可喜也
船若今日來信（十二號由此寄出照相）已奉，寄札並有畫案，并云得油油之兒
信，就得一年月有百金，尚望可敷，所足亦可留
父一番心中，環環以諸汝，亦使吾兒效此之意，為父之望
得兒信也。此時雖萬金之價，不易撥之，不能究學
故為不能所以也。此間春寒甚，風雨而太多，不識
日本天氣何似，萬萬自珍，是要
十六夕 [seal]

紫璈——慕陶（赴日留學期）

光緒卅二年——卅三年

依兒知悉：父於初十交卸南滙，十一到號，十三即接
印任事，匆匆已旬日矣。公冗萬忙，不待贅言，而懸
念吾兒之心終未能釋。十八九日家眷一同抵署，繼閱
兒前有明信片寄汝叔，兄亦終未出以呈我，念我耿
耿不怡，言之悒悒耶。廿一日徐懷之偕李繼高諸君及
廷杰來閩，由繼高約同東游，而英士則一無憑藉，學
業毫無所出，我命指其入署以住，再勸精其中
文頗暢，而東文東語毫未能通，即上海語言亦大不

兩閱以此出洋程度萬不能合，不如暫行在寓稍資
歷練，俟訪有相當之學堂，先令研習數月，再行東
渡未為不可。無論如何，非彼初心也。今定懷之表兄帶
去香港，一同計僅十一段。聞吾兒前番學此物也，又每月
十五由恆泰匯去日幣七十四元，究竟收到與否？至今尚
未見回信。此地家中尚有襪鞋等件寄汝，則由此子
與懷之輩面交可也。父安健，無慮。總日忙忙，心不及
務望兒勿懸念，善自珍衛為要。父字 十月廿日

偘兒知悉：今廿四為清明節，宥役須停，例放假，學堂竟日未出，亦到往，收第一清暇之日也。午間設祭於寢，禮成而出，適遇吾兒十七日來書，不勝欣慰之至。蓋父昨夕念吾兒之久無一信也，於意諸多，至於神眩，今見此何異萬金之獲、奇珍異寶之集於前乎！此證暮年之氣血之弱，心氣之不充，或不至有此悵慷之狀，是父可自愧者也。兒所論事，均當中肯。據朱之案，附和者千百為羣，自係鄉愚無識，為痞棍所煽惑，痞徒狡猾，得手即已遠颺。

獲筆數多，賀寶之子刻方嚴鎮首要，尚未即得，言之良為可恨。其留東學界波濤計可平息，兒以竊學為志，專心所事，塞耳籍口，不以動其心，是父所大慰者也。

父精神如常，奔馳勞碌，均無所苦，不必懸念。家眷於十八、九兩日遷行抵滬，均即入署，現已安頓。惟王年伯為君移住書房（東院），一院中其家人徹席之房未盡騰出，遂亦未盡安頓就緒。父以十一至此，即住在押房十二號，即亦事事順手，此非尋常前後任所能為

非壬年但与我交誼之厚無此便易也昨卅一日徐懷之
与甚壯丈李季皋及李良弼徐仲泉四人來云當東渡
及卅三日夜燈巳上忽見匡為來此我方展書之頃僕來以
無字心符一張及領後附不復見繼乃知其隨後趕來即
備懷之等下船諸扶桑矣四瞻忽以遠袁志待了亦大可
欽聞機有百金以往將有速成師範以所聞論之恐非
前此之易耳吳士則父命留此先就中國公學肄
習數月再定行止以鄉曲鄙僿之人言語不通文字不

識遂賢賢之世表遠適異國冀其無所獲故也詢此
今無出即公學亦尚不易何論海外之行哉欲其成
材不得不審彼程度躐等之行非所以愛之也惟父經
濟困難之狀非外人所知亦非世交後進所諒責望於
我者旬日中已紛至沓來正未知所以了此言之可慨矣
兒則不得以是分心祗以進德修業及時為務即所
以慰乃父者至起居飲食更當慎之又慎是所至盼父
惟祝祖宗之佑汝以無驚無害也

二月廿四日 父字

佑兒知悉前日見兒來信父有家書抵萬金之喜
已函示矣兒能安平無恙日起有功父即大慰昨又有
郵政局送來掛號一件謂必蓋圖章往取胡榮來言
十五號郵所寄矣當以我家門對岷山町章加蓋
往取不交今早又命趙德至汕口仍不交謂必有上海
當向租界命安平世多 今日午前後趙德有兩次
正堂之章乃付午間相驗圖署聞此大為詫異特將起
申號不知若輩如何對付申刻竟已取到則張錫
兒有信切勿掛號以日本掛號信總不准取
年函也閱之令我憂甚其欲借錢圖不好諉乃自明
六十四

其非無賴不肖之徒等語此同言既為對我發之竪
非他人所能受豈謂我老而且壞可以大發憂譏乎我發
家況千難萬難不能兩人自述現值窮僻之日是之甚為
南匯滿來尚有六千六百條石未買藩司糧道嚴札飭催
況局謂太守持公不留條切以致急迫萬分而市價昂飛
元之六角不可我可無分文可付天有不了之勢自天明起
即奔馳四出公事南至三更不清夜間即以銀錢任之心等
可謂之勞徒自嗟歎似此情狀豈有餘力濟人者乎況

子路東游以至奔喪四蜀，我已嘗勸桐蓀矣，謂兄弟窮不想了了，其就出東渡，詎不自行揀算，而乃責望於我，若此是何為者？即常人亦尚不肯出此言，無論吾儕也。兒子輩學費，父尚不能使汝充裕，隔兩月寄數十元亦頗不易，歸在津衣服俱入典庫，我尚不能贖之，使我犧牲濟之名，則汝亦被亦當甚對也，何不諒人口，而至於此極矣。父於為難事，不欲吾兒知，懼兒之分心也。今見張函，令我憤懣不堪，故草此言之。又函英士決

意东游，我尚无之，但令入公学，正以力不能济故也。英士
何尝快意，甚为难，有不能同凡人一言一行，先须自计
必当为人计。若自己不自揣而妄责人，如俗所云意想
情愿者，我所不取，亦不愿见之与作缘也。十三在[illegible]
近日颇见其佳，因移入书房，欲独住一室，不能遂意
甚为恳且哭。子山、我为之言，将请三舅为汝安置云云，则亦止
哭，告以不可使吾父知，致或生气等语，我闻之深嘉
此儿之有识也。其读书甚勤奋，文字亦有心思，与吾

兒之饑飽行藏，皆為父所深喜。煩勞之餘，念汝兄弟之有志向上，輒引以為快焉。故思之念之，於汝兩人有篤愛之隱，非偏私也。兒當益自奮勉，以求進功名，尤以慎起居，謹寒燠，使身強體壯，以大慰乃父之心，則父雖窮困之時，勞困亦有至樂存焉矣。肯晤鄭蘇龕一行，約一年，尚即出省，往來皆附大車，過兒寓

擬請蘇龕暨其門下諸君，皆屬好許為之一惜，暑天恐不能充部中郵，章外官保薦御史者，奏辦者惟我為最，宜不能無疑

上年請甚荷青眼，不先賜許，為之當令我難堪

今年其為[illegible]甚需之，不[illegible]若亦不為我惜哉

此間自冬入春，流氓橫行，城內亦頻頻搶奪盜案，月

安数见租界亦此处至有枪船中西捕之案，而和枪船
风潮大起，邑境至五案之多，而自我十二楼即以前首平
息，流匪阻皆敛手，藏出一切案旋即破获，固不敢居
己功，而上宪与士民则感激过加推许，亦可谓侥倖矣。两
以说海枪船为大患，至二三年月以结，有无乃我在任二
无出事船只而枪船译人要求撤回甚多少，未赔甚剧，然害良民而且犯又不易廓清，本年犯者
年绝无一案。此月和亮东速枪两船情节更重，微而人士均
前者完案于今二月某见于不能敷衍，拟以自主每细往捕即可立时回营矣
遂思念不置，非为我功，而实则我之所缘也。言之自余
此署房屋甚敝且多，少远胜前也。兹以为见嘱
上自十月十日下

告縣

紫璈——慕陶（赴日留学期）

光绪卅二年——卅三年

佩兒知悉昨十三日接到初八、初十來函閲悉一切初六之日吾兒已遷居二階四號自習室寢室則在七號均係樓居頗爲慰幸以貼地而眠雖有地板終嫌易受潮溼久爲吾兒懸慮也寢室既有九人須以禮以敬相接不爲戲謔狎合之道少年動肆調笑輕薄之態爲有識所羞果以志士自豪傑自待此等處正不可同乎流俗況朋友間出於相譏必有相輕之心先伏其中既輕之矣尚望得其觀摩之益與生死不相背負之義哉

得乎若敬重其人而出以侮弄調謔必無是理以是
權之人我之間之為輕為重亦可知也舍弟仲父敬之
方篤之非篤愛之道吾兄其靜審之學費將罄
今命以洋百元交恒泰轉寄合日幣若干則非父
所知也父到任已逾一月自覺未能整理一事而日日奔
忙嘗鮮請暇終以伺應供張為君民事轉以餘力為
之言之懇切所幸者盜匪之多流氓之橫均較前月
初以前為安靜粗略、感覺有折稍之事亦視春首為

稀而報紙所傳亦多不實往往以特似之故張大其詞
即如節次相繫無傳而妄謂有傳自繼而妄指為
盛遍之類以我目觀者言之其虛妄已不勝指數矣
此國在不可論列之數吳向焉昌自去夏回川得其
中途患病之信令我引為大憂寢饋不安者逾月乃
到家後竟為情謬之行獨移寓城外寺廟中而未信
有歌遂負萬年之語亦似甘心作愚世者我嚴訓飭
之曾無一字引過之處其心目中尚知父為何如人哉月

安前忽出一見我亟欲痛責之轉念姑待一二日不思其
已翻然東渡亦不使我預聞遑言告命似此行事
居心目無尊長為我少年時所未見未聞使外人知
為李某胞弟之子則我將無地自容矣其所習之業
又寡用道向哉父之窘狀兒或不盡知父亦不願兒知
惟學費萬無允許必須教見寄汝自撙節用度
李安贊致習以浮靡之昧使盡之道非禮之宜也慎
之之之春暖矣一切當適百凡自重

文瀾 二月十二

紫璥——慕陶（赴日留學期）

光緒卅二年——卅三年

係兒知悉前日廿三寄一函并附百元送恒泰柳帶歸收
知僅合日幣百四元五角已与春正之六十元所加相同云何
幣近又升僅或以實情耶其差必在數元上下
國不足較彼市商雖或佔便宜因其入分也吾
兒能知撙節之理斯得矣特未知果易達否
耳昌兩入醫院備專心致志未嘗不可以一傳之精
務實生之計今午一鐘至滬城醫學研究所落成
開會父往監視主會之李平書諸人力請訓詞

而先未預備以口陳夫意勸在會者虛心研究求
合中西醫理而講通之期有實得以既實效要
在去自是之見不泥古不徇今無鶩虛名兼要保
全人命即爲岐黃家報効國民之義務云云雖未
中肯而可以爲唱議也唱似誠篤而實抑揚
尚難語於一知半解而已有自是之路其見理
未明行事未正我時思痛斥之而尚隱忍未發而
已不一年命葉遂變之之共東渡矣去夏啓行四川

後我將查出七兒與十三所學做之篇尚多甚指
刀我初以為稚子頗有心知故略其許之不意為
渠所作試問世種甚詳之誰輩思心為之欺我乎
欺十三輩乎豈真特如鄉塾蒙師誑騙東家為
謀取豆豉粑之意乎即此一節可謂胡謹已極
該打該罵彼有天良反而思之何以對伯父乎
故其過肅遠遊謀悲背理岩為貽吾家詬病
兒宜時加規戒庶可維持而保護之也 此囑兄也

備兼兼言不受洗亦必務之隱諱倘可明以告我母
事備護致有不可之一日慎之慎之十三今年甚知發
憤每日早起早睡以書為遊作為文字大有理路
俞先生亦教之以正兼甚諄諄循循似乎甚見長進其身
體亦較充實日見硬健食量亦增父亦以為喜至
讀董仲舒賈誼文字之清晰記性甚好以其甚清
鐙前書聲令我怡怡此則父所甚喜者也 十五夜燈下書此
此間公事之繁視南匯殆十倍盜賊流行（大案）自去秋

各為益熾人皆以傳上刑訊之故若曹益無忌憚為
來陶案牘中似乎有此明諭以後往任皆仰體德意
力崇寬大雖白晝搶奪剸刃扎事主之腹者俾其
未死亦僅以羈押了局一二年毋之可容吏主慈祥
即此惡蹟昭著之徒亦不深究致惡餘益增為外人遂
以供匪相訾於例應任縣訊辦之人亦不肯交出官
中主權隱失為不之知可慨也自我從任所認惡棍消
予嚴責不一輕供近狀陸續送來各領事頗交相

紫璈——慕陶（赴日留學期） 光緒卅二年——卅三年

嘖嘖稱之，謂勤學守正，不肯妄交，不輕外出云云。並言有相識者有並未與兒一識面者，亦皆極推許焉，以學為名譽之重如此。父聞之，實甚愜意。兒果能力持初志，以聖賢豪傑自期，學必精深，識必宏通，行必正大光明，而言必不至妄發，則實至而名自歸焉。令聞廣譽之施身，又以至文績之日顯，斯其為幸多矣。然時時提醒此心，振勵此身，以求初終不自愧負，是為至要。父無恙勿念。一切慎自愛重為佳。

三月十九辰刻 父手諭

侃兒知悉昨日郵局送來相片一帙為吾兒與曾吳二君合照者觀汝神氣似乎較去時為豐腴亦更長大為之一慰吾兒自東渡後於文理識見氣體俱覺有發達之象今年得瀚一來信言兒數有去函議論俱甚精卓以示同人咸相推許等語而因以為父樂育後進所獲之報父亦可謂生色矣然其期望之日尚不止此願吾兒學益精識益宏行益嚴而俱以步步踏實為進境不隨俗塵浮尚耳耳之習庶為聖賢豪傑而無大難矣是

右自勉而已並有一事前寺長進則作字是也此間士人
錚佼即擅王虞歐趙之長不足言實用必以為此
苛求折思良工不示人以朴大程子作字甚（敬）曰非欲字
好即此是學學之云者所業要求其精也兒筆迹
頗佳而此兩年來乃大與蒼一相仿佛乎草率
竟成習慣蓋以待暇習之以求勻整堅凝乎汝
只見無一長惟字體頗勝人亦不涉苟且我竊喜
之故以為兒勗也廿二年後朱經田中丞到滬汝自

晚上坐平輪船北行，我所謂見時以鄭為請乞其
挈以赴吉，教誨而約束之，俾稍資歷練，經公雖不
我卻而云，到津再酌，然亦安雖命於項城者，其於
以其出所為私，彼師七律一章見示，即為次韵作
四首以送之，中亦及此意，並附二紙詳敘鄙所優絀
之事，未言既非初，矣之華子敢云內不避親，亦非
福時之世譽，兒自信中無私曲云云，未知其果見諒否
也。父意鄙鄙無所事之不究，頹廢自安，不能振奮，故

陛此公以年家子之誼曲予培植感紉欲為升庭當材地也
感甚則終有宦分又豈可倖冀哉首邁憲階公任
事最猛心地光明外交頗有膽識公忠秉持執
甚正絕不游移依之直陳無所避忌情上游不離陛
言西外部尤繁不可言要不識終能就範處也老師
內用大有屈軼指佞之風去一末人為掃蕩叢葉天自不救
倘入樞府必當彈服百邪特舉以為力捍之難其人
茲春日最優總亦終於見摘耳兒百凡自珍三月廿五夜文字

佩兒知悉：初二日見寄十二一函，中言讀華半章
名語，似能領會書旨文法之訣，知吾兒札是
章頗有心得，為之歡慰者久之。聖賢論王政
口口是踏實辦法，農、商、畜牧諸要皆在其中，
是見古今治理不外教養兩字，能以孔孟之教為
依，堯舜湯文周同此盛軌，即泰西各國文明之
治，亦何嘗不同此規為哉。然必通而觀之，以求其
當，不可背，亦不可泥，觀其推其所為而已矣。而即

一義字已足賅，新舊學家之長，故我常謂四書五經為做人做事根柢，如頭園之見也。吾兒登十二之語均甚切當，父亦為之讀此，頗有感動之意。近來頗知看正經書，我亦做令瀏覽，不為拘限。前日見其向子山我字并香宋經話等編，總較說岳之類為有益，詢之亦稍懂其文理，甚其新異，是亦其佳進步之一線也。因并以告汝，當亦快慰。月前又攜十三至大馬路買紀悉，有便服相片三張，不

日胡葆森太史東渡考察一二也葆森挈眷而
出顧巨六由火車迎之於漢附輪至此其舅甥皆
數伊瞻昨抵甚一夜今日又迎之矢詠寅其眷屬先
由巨六接往京師葆森自行東駛補譯卒業即
回京供職云其議論識見皆高於巨六無偏激
無依違將來任事必卓有建樹言及其家君
之謬猶不免之痛心謂乃郎與吾兒甚洽亦深許吾
兒之有持款也兒幸勉之無負長者之勗吐先覺

此間盤風之之識，原打窮民之多少，而亦租界可作逋逃藪之故，遂以詳甚。報界橫議，多多偏近，日乃知三分肩表確役，竟為其訪事往往顛倒是非，以便其肆揭之計。我既知之，斷不能徇毀其名，易方針也。易識未明，性未定，須善規之。前函所斥其謬處，若能自知其非，或可冀其變化。曾來兩字，父皆未會及，欲徐徐觀其後也。汝打易為弟自不宜昧昧，莫先之禮，匙居善善自慎為謹。

初四日 父諭

侃兒知悉：前日去一函，言將以相片託胡蓀森太史帶往。近三四日以事冗未及往訪，亦未見胡君到來，殆已東渡耶？（初八日附郵，午後又撿交周二君帶往。）今晨起甚早，遂寫此函并片封寄，想亦易達也。父精神尚好，近以日日勞擾，夜睡反甚甜，放乎明即醒。（今日適各在諮議局請餐，并將函由早車附人，我以為不能放假，故假亦去來。）每日一粥兩飯，尚飲點心二次，飲食亦强，此皆可為吾兒告慰者。其官中事之繁劇，原不必論，所最攪心者書差之惡，遠出所屬各縣之上，其魚肉鄉民，有特別手段，令人防不勝防。到此已嚴懲一二，苟役而其伎倆猶不肯少戢

竟敢半嗾上控為患豫遂其計之方抄在上游也遂准
之以豫民百姓四字為原告而豫遂札飭提訊真可謂李
讀矣大約升官發財之大人先生其意得明保而豫拔
擢所為皆其合下轍乎春帥此之打局威守府之打石
強藉豫鐵道民隱之美名而遂不問倒與擊之如何耳云
之一概吾兒前信似鐵道事半廟頗有領會我心深
為之喜所以文論奇峯突出令人應接不暇龍跳虎
卧不足以方其壓語詢為百讀不厭之書兒以為大辯
錦雲堂

才識亦為本國所不及，非虛語也。熟手此則思想與文筆均頗有進步，幸自勉之。近日朝局見札報稱者，可為氣結，而恐受聽有不堪言者在耳。然吾人惟當力求在己，惟我所任之責，期於盡心力以圖之，總以躬自厚而薄責於人一語為準。即為天下憂，乃志士不能自已之道，然憂復何益？少陵所謂"安危大臣在，不必淚長流"者，不過聊以自寬慰耳，豈真謂大臣之能轉危為安哉！今吾之一郎之務，大都如此，不足向也。慈親念甚逆形

錄雲山里

慣習既遂墮入惡道。志學之士豈可不爲遠禍之圖。
父所以諄諄命吾兒慎交，意正有在。激刺之際，賢
者或不免誤，甚至針砭言觀行無源，打此法意也。
迺來內地風潮數見，而公德蕩杌亦復如少，多可驚歎。
士生斯世，非步步踏實，事事克己，無以自全。兒其慎之。
同鄉王君南坡于君　來詢已已，宜與予識均書識。
其決計東渡留學，聞定十一日開輪，因草此一函以父行。
日照片寄汝，汝此信似大人，汝乃完可矣。

四月廿日三更　父

二君關西友也，記之。嘗爲弔事之緣定不可推，而不祇恕。慈居補

僞兒知悉日前見寄獻明信片知汝一是安好為慰
刻下天氣漸熱轉瞬即將放暑假未知準在何
日吾兒於暑假中即可內渡在署內歇夏雖無山
水林泉之樂及海濱澡浴之趣而經年離別僅藉
此為父子兄弟團聚之期天倫樂事亦未可恝置也
刻浴海之險尤為父所不敢放心日前與胡薩森晤
談見其識及乃郎凄然欲淚不禁毛骨悚然以吾
兒與胡氏子夙相契好使去夏未往安知不同游耶

近與村山節南談及此事，彼言我國之有事由內港淺沿試練，確有把握，不能貿然入海，以海水性質既殊，又常有意外之衝突，斷斷不宜視為兒戲。節南二子由八九歲即能游泳，今年乃出海濱，為寄相片來，甚以為喜。父因以知此事之不可嘗試，故切切為吾兒戒也。兒之歸也，旅費是否敷用，同行有幾人偕來，往先期示告，以便布置一房榻等等。英士在公學每星期必來寓聽談，而孫中尚有遲對者，忽冒昧南下

而寄跡於此皆不識外面之艱難而誤於傲惰之即蔗境故也馨兒前日來函言七爺至雲錦場賭一魏姓學生訪以同里在東少年孰為砥礪學之士魏即舉吾兒以對因去知吾家與高氏為姻媾者也七爺以為喜用以告馨〻即以慰我識屬甚快也不上達即下達不君子即小人消息甚微樞機甚捷前賢至以不為聖賢即為禽獸之論以自儆惕此非過言也人果有志向上非刻刻持奮勉惕厲之心則

操持無不觸國即不免易折墮落理欲之介為舜
蹠之分孔孟書中所以示人圭臬者最為警切甚未可
忽之而忽之也此空言心學亦是一病要在日閑行習之
一動間自己檢點作事之宜安詳交友之宜審擇
皆所以葆吾初心也若中無主宰而汎汎若不繫之舟
以為任天而動必至知誘物化流蕩於不自知之域而已
成為下流亦終為小人之歸而為君子所棄也惟此
種理論新學家必非笑之文 陛吾兒常以內勘而不

若形諸齒頰，自家要做聖賢豪傑，則非是無立腳之基。而名譽之所關，更不必論也。兄幸時時念之無忽。官事繁難，倍於南匯，父自審例尚不足以因我，亦遂家少叢脞之時，做一日盡一日心，不敢謂有績可紀，但求無悖理之行，免負大疚，則夜間便可安寢。兩月以來，初頗亦用猛之象，冀可攝彼頑梗之流，實則猶是寬猛交濟之本旨。而已毀譽並起，向來不入意念，惟時時存恐懼愧怍之心，視他人之得大名、膺厚實，亦不了羨

上官之相推許，轉用觀其斷不敢乘以為運動之計。此則父可告無愧德于兒輩者也。一癸王筠老言作令三十年，非無知遇，至到老仍以一知縣終，惟此可入墓志。父為作墓銘時即為鄭重言之，恆念此意大可敬，我亦不當愧老友也。汝亦見欲從朱經帥赴吉，我聊一言之。其朱之津門亦未為一見，必無望可知，不必通。朱甚己成行，須城觀行段之所發兒正亦非可羨，須可歎者，又安取此荷書之哉。今晨未出，得暇書此以示勗厲。兒居一切自慎為望。

局有恆心專所業則可望小成至為之虑也

四月十四日　父示

保兒知悉今晨得一函知汝無恙為慰西林〻出
人〻惜之而此老則一辭不得請遂悵然就道然知
在內〻無益而又不忍違命故也其順逆安危天可
救昨有電來滬言五月初乘廣利南下備中與邊輩
船則須假洋務局暫欲聽息囑勿事鋪張云〻報
紙所載廣東亂事則已平息然此一星〻火稍壓軼
而遠〻云云巧矣人言復实錯者兒既知其利用〻
意只〻將付之一歎不必介懷而專以自屬其鑽學〻

志為主，日起有功，蒸蒸日上，於各種學問皆確有心得，足以自信益堅，足以見諸實驗，優而游之，以漸臻於充裕之日，則彼時所藉手卓有自見之地，將為不負所學，而根本所在，則仍當守定孔孟忠孝大義，不背不馳，日間一言一動，無忘忠信篤敬四字，一切激烈議論，不根不以出口，亦不宜以之入耳，期知無益而引以為根，致意氣激昂，或遂叢毀其禍之不自知，父所深望吾兒勿忘我訓者此也。旅行為[illegible]二十

六百之之衆意時得以為東坐元薦令人不寒而慄日昨洪
之青自都下往過此一飯為言緯庚諸公仍一門面帳
或如其心之所樂或藉以飛升而已非眞有擇持推之
當之願在中觀彼所識者之一夫畢其中固多少明達
之才篤實之士而俛首施諸者亦雜其中就所知者
言之眞有令人百思不得其解者即經歷過此時我
與之言彼都情勢皆格格不相入而獨一夕之間殘館麻
將酒肴競有樂莫樂於冥之家去後指新寮來敝寓諸

今早为铺排预备以谋了了而绸缪马车等等亦请来为
不排转以护照不及签字责我设法奔驰费力为之
辨妥直争送其上船时虽一见而不多则我固甘让争不
识所谓馈赠独以君子待之之识窍者故而以是辩
虽面托到津不曾一见辛未撑撑以行遂不以为恨而
以为奉马嗟争外人急起直追惟恐失时我不独洲
洲背之故且因以为富贵利达之途而甘为垢秽污
腥之府欲期补救难乎哉亦青又言赵之猎奉也风

嘗夫無從前所選舞徵歌通國若狂不係子頭十五年
荒肆濫所未有故花叢利藪多者每歲第一條補益
月得三百金之差然亦不敷細察其情亦可憐矣喪心至
此為腹削百姓之脂膏以供揮霍取之不盡以為予取予求
之肉直其不足辰也父方以無事娛目為兒戒而父及身
者亦以見聞所至深者痛心不能不一吐耳在上者既
是而在下者乃又甚焉觀於近日蘇城學界與巡政
之衝突令人蓋吟彼此其論議者果真是非乎哉

務之三歎。頃閱南匯學董朱子瀲兄祥，彼來知其與徐耐冰君偕行，定廿八日附輪東渡，將在日本調查學堂管理等法，大約以三箇月為期。子瀲，吾兒在成城就讀，或將去訪此君，皆南邑最熱心教育之士，操守行誼亦俱不苟，文風重之。庸俟此議，因不能演見其真也。春花大放，撥冗事尤難，三子為三日共讀文章，乃來函猶曰見其四中又寓擇一捆，居限民情不清。令人以多少故為甚。長年國清健，如見尚珍重。

前來信言李君辭去矣，既已去，遂離一……

定自吾年業之行，此又為何殷，隆大不知其也。

四月廿六日

併兒知悉：似又數日未見吾兒來信，頗以為念。此心中自
信兒之無恙，則寧甚放心也。昨二十日由天順祥號送來
陳春瀛一函，乃四月一日所發，并附到湘平銀伍百兩，合
為上海豆規平銀五佰念五兩，囑以轉寄其弟季眠
元簽者。又久未寄季眠兄弟書，日夕繁勞無暇，
所囑寄為之意，故未及專函以達。茲特命吾兒轉告
季眠表兄，向其府從以寄匯往，即來一函，自當照匯
也。恒泰雖可託，不識為數稍鉅是否可靠，似乎西幫

函稿

及正金銀行爲要也總視季岷信到再交可也匯三百元、氣驗熱盤不可射照照一淡快、不可言今辰由滬行李照移來即下榻蒼押房西面後一間因父特爲吾兒預備暑假歸憩之言也三竟日得以暢談、我四十分清供汪頡荀觀察以昨從滬即當開辦滬北警察志、打早潮一往見之本從至交昆季辦理、或當合手也推刻近五月十二爲本埠示禁、煙作半年滿限之期據匠類與官紳動色相、戒因、我曾有一函謂十二之限與省中

紫瓊——慕陶（赴日留學期）

光緒卅二年——卅三年

輩具有天良，萬不至遂行舉動，所處者十二期限甫過，
各該巡士與修言維新之輩與各級流氓見有未收淨
之煙燈，或持正論而事苛求，或逞私心而圖索詐賄，
扭拏解官，請為訊懲。其時將嚴懲之乎，彼小民若詞
臬台告示、督撫奏疏，顧亦作罷乎？我將何以應之？懸揣或
向上海是否江蘇統轄之區，何以臬示不為分別言明？而
皆以六月為限，則官又何詞以對也。況乎萬一鬧成事故，
必當詳辦，上游即可斥為不遵奏案，先期撤民牧令

通飭以六月底截止者兩歧有將來或請展限以歸一律等語此本由父手繕之信既未題寫亦未存寫又無人詩兒繕錄即手封寄丁呈覧不知何以報作乃以刊入中有學界多少年識到一語相是時報載大肆譏評謂寫報則由為原諒所敷陳之理想不特毀者未索即誉者亦隔膜無一中肯之語羹我之意則以樊樊一事去冬由升任泉憲朱專札通飭并刊有告示頒下巨奉督撫會奏以三十三年正月初一日起限於半年將各冊報

城鄉市鎮以至鄉村煙館均令一律閉歇截至六月底
為期不准限外再行開設違者封提究懲憲示徧
飭張貼士民固久已知之獨上海工程局紳董乃以本
道出示之日起算扣至五月十二為滿半年之期以為
定斷目前紛紛議決即當察行以致煙户嘖有煩言
觀察亦以為暴動亟籌防備又議收買煙膏煙燈等物
其煙館之影響亦議令搬入租界公所安插以示體恤種種
布置均經示諭有案誠可謂周至矣以文所見言之此

岂能当此重任？在道德观之，众论未暇深思，不知一省之内，辨理两歧，实多窒碍。彼时上官责问，下民怨咨，势有不能自圆其说之苦。所谓德智体四学，皆不能作标准，

上海城厢绅董打印条例，细察可读其所不详者，彼先论此事时，直风内

於辨也，乃以往执照贻外人耻笑之言，不再通盘计算而

地一律，准西律云云。夫日内地周播二十二行省言之，不知大人先生以此为与之学观于天津租界之外，以肯苦于学宗之

眛行之转集来，打我谓我为怯，谓我所言为烟室中人语。

如日法租界到[illegible]

彼时执作中多深芳少年，要我之禁创辨也，籍以为报复，肆口谈谌，原不必论，乃官也绅也，此学界离异不也，而皆惜之也。不如深考之以为言。前人谓辨事人多烧

事難，我於此有深概焉。刻聞此次運甯午節即有端
華傳事事抗我命令有意反對了了，詳明此事而將照以
以察，不見金陵報館曾示何六月底為限耶？父之家謗
原視為當為無知之非華何禁與維為詳哉，為之吾兒云
若欲汝遇事當通籌措無失也。彼意之要自於与人云
云云之結，則僅可一紮置之，雖與言了而終於體實也。東
國最假，非於此日吾兒何時言，但念念之。天熱宜出門，飲
食起居加慎為要。父甚安健。

五月初一日燈下

侄兒知悉：蕭由笙自京進士館畢業考驗後引見，列最優等，得有獎叙，仍由學部派往東洋留學，年內與俱者共四人，陸稚盛亦在其中。節前由里來此，亦住數日，以今午後火車回蘇矣。聞其同班之友約定六月底東渡，意將入西京大學云云。渠甚思與吾兒一晤，詳問成城暑假係在何日，吾兒何日內渡，以便其來相訪。為此節，刻父已函詢，至今未見聲復，方甚以為念者也。又陳季岷表兄處有伊兄春汪匯來五百金在此

前日去信命吾兒告之詢明得以敵壓之者妥不知信
果已達否也自北洋查獲大批軍火後偵伺革命黨
之文札絡繹不絕前日有諸漢寬字星槎者携有
南洋密札來此猶無疑隨查中之黄某云亦有札與
一件帶來原來之言已訪得其地乃在環山境口將派委
員帶兵已請志將日本肄業學生方克俊接隊長
其出示所屬人等相片則皆東裝已見此輩撓黨非人家
流氓惡道可恨亦自可惜此函都札猶打不着之所

致卿：父諄諄以教吾兒者，曰謹言慎行，厲學擇友，不違孔孟之訓，不背忠孝之經，則遠離遠禍之道均在其中，千萬勿視同兒戲。為年歸來津，似無事以菓珠、芝斛、桂彥、夏生、德田、如莊，一見而不能亦奉其知義不辱身。大抵講求錯公皆別有所專注之一道，斷不以五倫中人形念乃與所謂科之一字有合耳。以近所聞而言，真有不堪之極。如家居纖兒若積壞之習，見人所憂，殆又將兒矣。暑雨諸宜慎衛。

初十日 諭

儆兒覽：茲以函託伯子及周庭紹二君帶東京，交以
陳季岷表兄家中匯來五百金，現託陳潤夫兄經手
換到日本正金銀行匯票，日幣七百六十五元零三角，
其詳在陳信中。一覽便速至銀行，照源寫出手名。
潤翁誤寫吾兒名在其上，又慮或不接頭，特將吾（柳堂往告知該僕，亦只須知在何處可去取）
兒名職銜印名片三張附去，以備交取時可查知。
季岷，其來信已收到，當另復。茲此款收後，務以函告其
翁，我一函以慰懸系也，切囑切囑。

十二月 日諭

吾兒前日來字言須譯百元，今以鈔票十紙寄去，
每張十元，適符百番之數。此款乃□吾兒命之節
伯子還來者，頗有此數，擬暫以應急。蘆帳房之籌
款，奏銷所文有未撥之來，目下二萬五千之應撥之
藩庫一項即已屆期（暫出限狀五月底撥），自十分爲難也。此狀吾
兒可照辦之，兒又不須著急，父所深慮以相告者亦務一策。
當思來不好不易之意者之之到後先以覆我，其陳季嫂（或函告之，俾季嫂吉取字）
表兄一勒，祝速之往，勿延爲要切切。父文誠 十二日 鐙初

紫瓊——慕陶（赴日留學期）

光緒卅二年——卅三年

再此次禁設煙燈一事，以五月十二屆限，而與前撫通飭
以六月底禁絕之限不合，非不知愈早愈妙，而辦理兩
歧，人易藉口，又委曲調停其間，而報館乃以為嘗議
實由一般年少者創議頭，借以為報復地，不將一條
置之，當四月之定議，紛起謂烟館會議抵抗
勢甚洶洶，道轅至以之下札，繼之又諭書並類，皆偵事者
之張大其詞為據，故仍以靜鎮出之。再四出示
曉諭，並隨時隨地宣導，為明其利害得失之數，務

煙户皆已曉〻並先已查明書役所開限令停歇加以
嚴勸於是聞風無悲切於限前閉歇父於初十二
兩日周歷城廂內外察視則一體淨盡矣故又出碟
諭以嘉許為防制〻今日屆限〻期午前後兩次出
巡甚形安靜可為色喜美人靈研所於張園設
會慶祝學界商界咸集父已前往一視則鋪張頗
壯觀其當演劇及變戲法故人猶未集大約須二點
鐘遂請洪希甫代表留彼不復再去也煙館防斷

設書店一事亦甚嚴示範圍不宜多設乃省局之設
來稿照一千張而又漫無章程恐與禁限之意相刺
謬是以由父草定四條密請本省道札行下縣以便
辦理各報每將刊入此事未經田在蘇輕于一
發因若輩浮動又從而曲徇之致多扞格上海獨之
此順手聞各領事面談時尚甚推重且許於省節
前當一體禁絕其除此害則誠吾中國大幸事也
順筆示及書亦頗慰

微兒知悉：前日寄一函，交盤若家君李伯子暑中帶往，係附去鈔票百元，又陳秀峨匯款寄至現正金銀行匯票洋百元之一紙。昨閱伯子與其戚周庭紹（瀘人）尚未動身，方候船也。今午出城相驗，但知伯子來署，當完鈔（票）帶日，恐不可用，復由柳榮以之票換日幣，合一百零伍元五角，仍交伯子帶往，為伯子又借用洋十元，云去東京，俟吾兒手，特并以告知。近接李峨函云：進局在醫學堂，須知自奮。東西語言文字（大）皆未了了。

習染不免隔閡不通，自非專心靜氣以求之，安有
益？斷斷不可玩時愒日，以荒自誤，所需之境，必自知之，
不待我為督促。及能登場也，吾見何時可以歸來？此
先生遂行時，又論本車在船總須慎重，不宜誇
險，亦不宜着急，是所切囑也。煙館屢限屢犯，一律
禁絕，乃各省及偏有之，未見功效。夫人封房以為迴避之
計，竟不知體恤民隱，者為之氣窮，無何現擬三月
間當赴金陵一行，過時再以告，即望自珍。

父諭　十五日　子晉

俪兒知悉：李伯子周之廷能之東渡也，以日幣百零五元五角寄汝，顧聞汝兒言，伯子以購物不足，挪用十元，云到日再籌措還汝。（此不及不收借收）又陳春晅表兄為乃弟季岷元塾匯來論平五百金，托由長順祥向正金銀行寄一筆，票合日幣七百數十餘元，已於前函詳之，計伯子到後必立待交到。吾兒於季岷兄弟一款，宜速為設法，以免懸望，並為言之。父之未及裁函其來書者，正以甚冗，天甚心緒不寧也。季岷聞汝言，我有保送御史

云云。說極力贊贊成，不知此乃升任皇憲朱經師，言之以部
章平論蘇省排我最合格，故帝与彼師言之，而帝鎮
首道華心莊知我，困於衙累，勢不能作京官，故止之，即
上游亦咸以為然，不復与選。是此事亦空言耳。文
亦斷不敢往，使果保送，一經行取，則交代萬不能了
結，轉有艱單錮補之象，固亦計之審矣。李岷
不知底細，而為讒慝之言，特徵特父之才識不足當
言責之任，其學術力亦為官職所限，斷斷不行。何前

于臨蒼〻我〻言高九鄉經銘清師保送御史們
季渠有碑信為九鄉事無〻耶七〻鄉自台垣
謂假明亦不樂再出實畏也其〻感懷特為甘作隱
論正自可敬耶父亦誤以不得列退為根據嘆息
實〻有不能自已者不過生不逢辰瞻此現象〻識者
慨為倫常大義忠孝大經萬〻不能〻感懷近日少年
動輒過奇言〻異〻舉動則又激〻甚者也今日晨陶詳候
事長後星樓〻漢〻寬〻在〻城內担送一人來日狀長也身高

而初留學時看其面貌不似學界中人其以名片則為
葉作高字景山浙江景甯數字最可詫者每當偵緝
搜索時乃自從身畔取出數字撕以為團向其口內
強塞橫嚼經讀等捷出以牙向出血紙則未盡毀也
讀以呈閱則皆七言絕句為多有不滅胡清誓不還
等句悽楚邊一至於此篇其後者有鈔此以示景佩子意
亦則詩非其所作可知以此為言可謂奇極怪極矣
謂中國人毫無程度所作賊亦只作賊資格作賊本

録萬此乃覺我言之非妄也，華者固不足道，經爲之
編譯者之意見意識實想也，聞其來共七八人，住三島
館客棧中，今朝乃一張某教水引之入城，乃獲者張亦
當場華安尹分子收押，今晚所當押送金陵，父兄謹
等得以見也。此輩之朝廷謂安民不足道，而少年之
於交游益當慎之又慎，凡奇異文字尤不可盡爲存之，
自以取禍，出門者不可不知也。暑假以何日歸，父頗有倚
閭之盼。天暑，百凡自珍。子安、柔娓同問

五月廿日 父字

偃兒知悉：到蘇府所當歸矣。昨見汝書，
猶有日本寄來包謹氣藥末三紙，是否
藥已寄到，現存此處。我近日鄉下謹書六
紙，要寄此藥一張，待看如今遺寄摩底，
學生處寄件入蘇，並將其汝可得則即
回也。百凡自慎，並問
姊君安否。

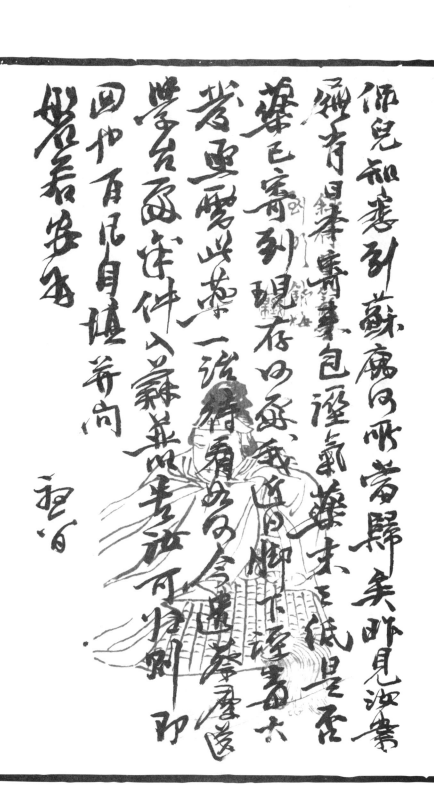

和旨